SAURAS-TU T'ÉCHAPPER ?

ESCAPE

UNE AVENTURE DE SEA SHEPHERD

écrite par Miceal Beausang-O'Griafa
illustrée par Hédi Benyounes

Glénat jeunesse

Merci à Marilou Bertheau pour son aide.
Merci à la société BOURBON pour son aimable autorisation de reproduction des plans du navire offshore « Bourbon PX 105 MACS ».
Merci à Nathalie Ponsard-Gutknecht pour la réalisation des pictogrammes
(pictogrammes baleine et dauphin : fotolia)

Couvent Sainte-Cécile — 37, rue Servan — 38000 Grenoble
Loi 49956 du 16 juillet 1949 sur les publications destinées à la jeunesse

ISBN : 978-2-344-02842-1
Dépôt légal : avril 2018

Achevé d'imprimer en Espagne en mai 2018 par Graficas Estella,
sur papier provenant de forêts gérées de manière durable.

ESCAPE

Prisonnier d'un bateau piège et entraîné au large par le capitaine Oro Nordingan, impitoyable chasseur de baleines !

Parviendras-tu à t'échapper ?
Tourne vite la page pour vivre ta première grande aventure avec Sea Shepherd et Paul Watson !

COMMENT ÇA MARCHE ?

Deux rabats avec :

Une carte pour te repérer

Des objets pour progresser dans l'histoire

Des indices pour t'aider à avancer

Pas besoin de papier ni de crayon !

LANCE-TOI DANS

Entraîné vers à bord d'un

Tu es en voyage scolaire à Lisbonne, la belle capitale du Portugal ouverte sur l'Atlantique. Tu te trouves sur le port de Belém. À tes pieds s'étend une immense mosaïque qui représente une rose des vents et face à toi se dresse le gigantesque *Monument aux découvertes* dont tu admires chaque détail.

C'est ici que tes professeurs d'histoire et de portugais ont donné le signal de départ d'un devoir à faire pendant la matinée : une sorte de chasse au trésor pendant laquelle chaque élève doit parcourir le port en quête d'indices pour mieux en comprendre le rôle dans l'histoire du Portugal et de l'Europe. Vos enseignants vous ont laissés à dix heures et vous devez les retrouver au même endroit à midi. Ainsi, pendant deux heures, chacun sera un peu explorateur et vivra à sa manière une aventure de notre temps. Tout le monde se débrouille en portugais et en anglais, les téléphones portables sont chargés à bloc, les numéros des professeurs à contacter en cas de problème sont enregistrés. Tes camarades de classe se sont maintenant dispersés dans le port.

Comme tu es passionné par les animaux, ton regard est immédiatement attiré par un bateau amarré le long de la jetée. Sa coque noire est peinte de baleines, d'orques et de dauphins. Son nom : ***Sea Shepherd II***.

Tu ne vois personne sur le pont mais un panneau en plusieurs langues t'invite à monter à bord pour découvrir « une exposition rare sur les missions de Sea Shepherd ».

la haute mer vaisseau piège

Ce nom te parle tout de suite, évidemment. Sea Shepherd est une organisation créée pour sauver la faune et la flore des océans ; ton père t'a raconté des histoires incroyables sur Paul Watson, son fondateur, et ces récits ont bercé ta petite enfance. C'est exactement ce qu'il te faut ! Sans hésiter, tu empruntes la passerelle pour monter à bord.

Là, tu constates que tu es seul. Le pont est désert. Il n'y a pas âme qui vive. Il règne un silence presque inquiétant… D'où tu te trouves, même la passerelle de navigation – qui surplombe le navire depuis le dernier étage du château (la grosse structure grise qui domine le pont) et au-dessus de laquelle flotte le pavillon pirate de Sea Shepherd – paraît déserte.
Un panneau accroché à une grosse porte en métal indique « suite de l'exposition à l'intérieur » et t'invite à entrer dans la coursive qui s'enfonce dans les entrailles du bateau. Tu décides de le suivre. Tu fais quelques pas à l'intérieur mais tu ne trouves toujours personne. Tu passes devant un escalier qui mène vers le haut, mais une grille en acier en bouche l'entrée. C'est étrange, tu n'as accès qu'à cet étage.

Tu appelles, criant aussi fort que tu peux afin de savoir si quelqu'un d'autre se trouve à bord. Aucune réponse. Tu continues à avancer et, arrivé au bout de la coursive, tu décides que cette ambiance de vaisseau fantôme est trop angoissante. Tu n'as plus tellement envie de voir l'exposition… Il est temps de rejoindre la terre ferme. Tu repars rapidement de peur que la porte par laquelle tu es rentré ne se soit refermée.

C'est là que tu entends un bruit de moteur. Le bateau se met à tanguer tellement fort que tu manques de tomber.
Tu te précipites dehors. Ta surprise tourne à l'horreur : la passerelle a été remontée, l'ancre levée, les amarres larguées et le bateau est en train de quitter le quai !
Tu vois le port s'éloigner très rapidement tandis que tu passes sous un pont qui ressemble au Golden Gate de San Francisco. Le *Sea Shepherd **II*** se dirige vers le large à toute vitesse…

Paniqué, tu dégaines ton téléphone portable, mais le petit icone en haut à gauche de l'écran te l'annonce tout net : tu n'as déjà plus de réseau ! Jamais à court d'idées, tu te mets à agiter les bras et à appeler au secours, mais tu te rends vite compte que personne ne peut t'entendre. En quelques minutes, tu te retrouves en pleine mer, sans un seul bateau en vue.
Affolé, tu regardes en direction de la passerelle de navigation mais elle est toujours aussi déserte. Tu es piégé à bord d'un navire sans personne à la barre ! À moins qu'il ne soit télécommandé ? Mais par qui et dans quel but ? Un kidnapping ? Tes parents ne sont ni riches ni connus !

Le désespoir commence à se mêler à la peur quand, soudain, tu crois entendre…

- Piégé !

Non, tu ne rêves pas : c'est bien une voix qui vient de l'intérieur du bateau. Tu te mets à courir dans sa direction, traversant le pont pour pénétrer dans la coursive jusqu'à trouver d'où elle vient…

La voix émane d'un vieux poste émetteur-récepteur : une « cibi ». C'est un objet qui ressemble un peu à un modem, avec des boutons et un écran en façade, et auquel est relié par un fil torsadé une sorte de talkie-walkie, avec lequel on peut envoyer et recevoir des messages radio. Ce type d'appareil est souvent utilisé sur les bateaux : il émet à une fréquence spéciale et permet aux marins de communiquer facilement avec les navires à proximité, voire avec la terre ferme. Tu reconnais l'appareil,

ton père t'a appris à l'utiliser.
La voix, masculine et assez grave, continue :

- Bienvenue à toi sur le *Sea Shepherd II*. J'espère que le bateau te plaît, car tu en es désormais prisonnier... Je m'appelle Oro Nordingan. Je suis le capitaine du *Sienna*, un vaisseau qui, longtemps, écuma fièrement les mers. Avant moi, c'était mon père, le capitaine. Il chassait les cétacés et les dauphins. Mais sa glorieuse carrière fut interrompue par Paul Watson, fondateur de cette minable organisation de protection des océans, Sea Shepherd. Avec son bateau, le premier *Sea Shepherd*, Watson a éperonné notre *Sienna* et l'a coulé pour nous empêcher de chasser ! J'ai fini par reconstruire notre navire mais... mon père ne s'en est jamais remis. J'ai juré que je me vengerai et, aujourd'hui, je vais réussir ! J'ai construit le *Sea Shepherd II* et je l'ai aménagé pour en faire un piège destiné à tous les amoureux des océans, comme ce naïf de Paul Watson. Pas la peine d'essayer de le diriger : je contrôle tout à distance et je compte bien te perdre en pleine mer ! Tu dépends entièrement de mon bon vouloir : tu n'as pas d'équipage à ta disposition, tu ne peux pas communiquer avec l'extérieur et tu ne peux pas non plus prendre le contrôle du navire. Ta survie ne tient qu'à ta capacité à pêcher des animaux marins. Si tu m'obéis, je serai clément et je remplirai les jauges de nourriture, d'eau et de carburant pour que tu ne meures ni de faim ni de soif et que le bateau continue à avancer. Mais si tu me tiens tête et que tu essayes de faire le malin...

Il s'arrête un temps, comme s'il profitait de l'instant, extatique, puis il reprend :

- Tu verras : toutes tes belles idées sur la protection des espèces ne pèseront pas bien lourd quand il s'agira de sauver ta peau !

Il coupe brutalement la communication.
Tuer des animaux ? Hors de question ! Tu comptes bien trouver un moyen de regagner le port rapidement et ce, sans faire de mal à quoi que ce soit !

Ta mère est officier dans le génie militaire. Femme d'action, elle est aussi scientifique et bricoleuse hors pair. C'est elle qui t'a appris dès ton plus jeune âge à démonter et remonter tous les appareils que tu croisais.

Aujourd'hui, tu es un vrai petit McGyver. Ton père est marin et ingénieur. Il t'a enseigné les bases de la navigation et de la survie en mer. Avec de tels parents, tu es donc mieux armé que la moyenne pour te sortir de cette situation.

Tes objectifs sont simples :

- Explorer les différentes pièces du bateau et récupérer des objets qui pourront t'aider.
- Trouver un moyen de reprendre le contrôle du bateau et contacter l'extérieur pour qu'on vienne t'aider.
- Protéger les animaux de cet horrible Oro Nordingan.

Ta partie d'échecs contre le capitaine commence dans la salle radio, **page 1**.

ESCAPE

LIVRET D'AVENTURE

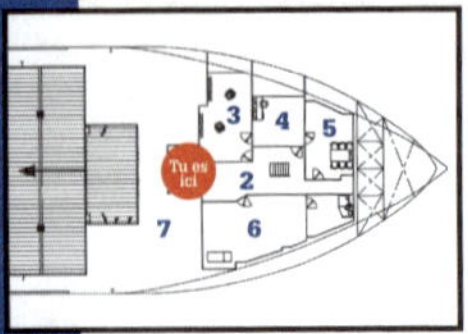

LA SALLE RADIO

Pour l'instant, tu n'as accès qu'aux salles du premier étage.

La pièce dans laquelle tu te trouves est capitale pour l'aventure. Elle n'est pas très grande et assez spartiate.
La **cibi** repose sur une table fixée au mur devant laquelle deux chaises sont rivées au sol. C'est normal : dans les bateaux, tout est toujours fixé au sol ou aux murs par sécurité. Derrière, des tiroirs renferment toutes sortes d'outils et de pièces détachées.
Pour l'instant, la cibi est verrouillée en mode récepteur : malgré tes efforts, impossible d'émettre un message pour demander de l'aide. Tu as l'impression qu'elle est contrôlée à distance. Sûrement le capitaine Nordingan… Il sera vital pour toi d'arriver à l'utiliser.
Tu fouilles la salle radio à la recherche d'objets qui pourraient t'être utiles. Après avoir ouvert plusieurs tiroirs, tu trouves une paire de jumelles et un talkie-walkie. Tu récupères aussi un **canif** et un **tournevis** que tu mets dans tes poches. Si tu as peur de ne pas retenir tous ces objets, ne t'inquiète pas : ils sont listés dans l'inventaire, **page 68**.
Tu peux essayer d'utiliser ensemble des objets que tu as déjà trouvés lors de ton exploration. Pour cela, choisis-en deux dans ton inventaire et va à la **page 44** pour essayer ta combinaison.

Tu peux aussi explorer le bateau. Sur le rabat de ce livre, tu trouveras un plan du premier étage du navire sur lequel les pièces sont numérotées. Choisis-en une accessible depuis l'endroit où tu te trouves et rends-toi au numéro de page indiqué sur le plan. Celui-ci figure également en haut de chaque page du livret d'aventure, comme ici. Tu peux directement utiliser ce plan miniature pour te déplacer.

2

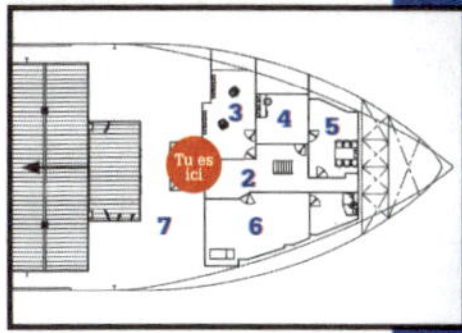

Chaque page du livret d'aventure correspond à une pièce du *Sea Shepherd II*. Autour du texte, des flèches t'indiquent les issues possibles et les numéros des pages auxquelles elles mènent. Par exemple, depuis la salle radio, tu peux aller en 2 : la flèche indique justement jusqu'à quel numéro te déplacer.
Par quelle pièce du navire vas-tu commencer ton exploration ?

2

IMPORTANT

Tu seras peut-être amené à traverser des endroits que tu as déjà visités. Dans ce cas-là, ce n'est pas la peine de lire le texte (tu l'as déjà lu). Continue directement ton chemin en suivant les numéros en bord de page.

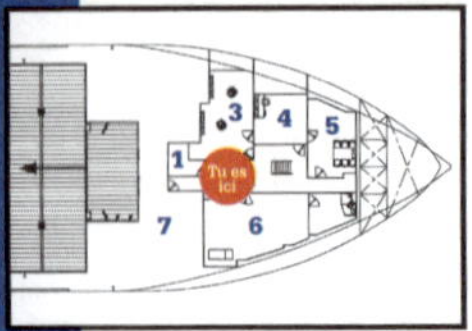

LA COURSIVE DU PREMIER ÉTAGE

3 4

Juste en face de toi, éclairée par une ampoule faiblarde, tu vois la photo d'un colosse à la moustache blanche et au regard de dur à cuire. Il est en uniforme de capitaine, devant le premier *Sea Shepherd* – dont le nom est apparent en arrière-plan. Le bateau est tout noir, sans peintures d'animaux sur la coque. La légende en dessous indique : « Paul Watson, fondateur de Sea Shepherd, posant devant le *Sea Shepherd*. »
Tu te demandes si ce tableau a son importance ou s'il s'agit juste d'un indice laissé exprès pour te mener sur une fausse piste… D'ailleurs, c'est quand même tordu de la part du capitaine Nordingan d'avoir baptisé son bateau du nom de celui qui a coulé le sien… À moins qu'il ne veuille couler celui-ci aussi, avec toi à l'intérieur ? Cette seule idée te donne des frissons et tu préfères reprendre ton exploration.

1

Tu repasses devant la grille de tout à l'heure, celle qui bouche un escalier. Cette fois, tu remarques qu'elle est verrouillée électriquement : pas de trou de serrure ni de cadenas, juste un digicode bizarre dont les chiffres ont été remplacés par des symboles d'animaux marins. Tu appuies sur ces pictogrammes mais rien ne se passe.

À côté de la photo, un schéma du bateau indique la cale située dans la coque, sous le pont. Y sont dessinés trois réservoirs de différentes couleurs : blanc, jaune et noir. Sous le schéma se trouvent trois jauges aux teintes correspondantes. Ce sont celles qu'Oro Nordingan ne remplira que si tu acceptes de tuer des animaux… Chaque jauge est surmontée d'illustrations d'animaux marins

7

6

5 22

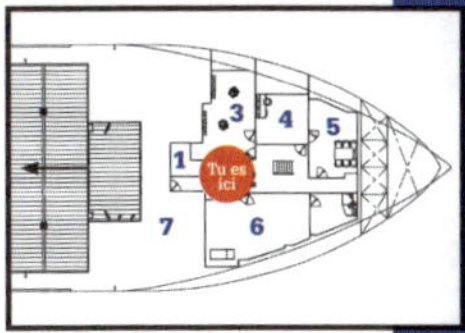

qui semblent y être précipités. Les pictogrammes ressemblent à ceux du digicode de la grille. En y regardant de plus près, deux d'entre eux en sont même des copies conformes… Ça a peut-être un sens ? Le plus frappant, c'est que, sur les illustrations, les animaux ont l'air menaçants – même le dauphin !

Tu regardes attentivement pour comprendre les associations :
- La jauge noire correspond au carburant. Elle est surmontée d'un phoque et d'un lamantin.
- La jauge jaune correspond à la nourriture. Elle est surmontée d'un requin et d'un dauphin.
- La jauge blanche correspond à l'eau. Elle est surmontée d'une pieuvre et d'un calamar.

Tu ne peux pas t'empêcher de penser à voix haute :

- Mais comment voudrait-il que je remplisse tout ça, de toute façon ?

La voix du capitaine retentit alors, venant de ton talkie-walkie :

- Sors et tu verras bien !

Ah non ! Tu n'as pas pris le talkie-walkie avec toi pour entendre ton kidnappeur toutes les cinq minutes ! Excédé, tu l'éteins… mais le rire d'Oro Nordingan continue de résonner dans la coursive. Il doit être connecté à des haut-parleurs installés à travers le bateau. Tu décides de l'ignorer, même si tu aimerais bien trouver un moyen de ne plus l'entendre…

Si tu souhaites obéir à cette crapule d'Oro Nordingan, le pont t'attend en **page 7**. Tu peux aussi continuer ton exploration des autres pièces.

6

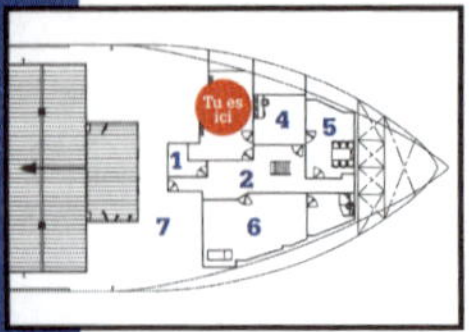

LA BIBLIOTHÈQUE

Il fait sombre dans la bibliothèque. Tu appuies sur un interrupteur et une ampoule vacillante t'apporte un peu de lumière. Devant toi, de grandes étagères débordent de livres. Même dans le CDI de ton collège, il n'y en a pas autant. Des télévisions et des ordinateurs occupent le centre de la pièce.

Sur un mur, tu découvres un portrait représentant un marin costaud au regard sérieux et à la barbe blanche. C'est encore Paul Watson ! Tu le reconnaîtrais entre mille. Il n'a pas l'air très content, sûrement parce qu'on ôte la vie à des baleines. À moins que ce ne soit à cause de cette cible dessinée sur son visage… Décidément, Oro Nordingan a une dent contre lui.

Tu n'auras jamais le temps de tout lire ici, mais un livre bleu posé sur une étagère attire ton attention : *Moi, capitaine Paul Watson, pirate des océans*. À sa vue, tu te rappelles les histoires que ton père te racontait au sujet du fondateur de la Sea Shepherd Conservation Society et comment certaines des méthodes qu'il a employées lui ont valu sa réputation de pirate.

Tu feuillettes le livre et tu reconnais rapidement le *Sienna*, le bateau du capitaine qui te retient prisonnier. Il est écrit que le *Sienna* était le pire des baleiniers, responsable à lui seul de la mort de milliers d'animaux. Personne ne faisait rien pour l'arrêter, à part Paul Watson, qui mit un terme à la carrière du père d'Oro Nordingan. Enfin, jusqu'à ce que son fils décide de reprendre le flambeau…

Un autre livre a été sorti des étagères et posé sur un bureau. ***Le Royaume des animaux*** est ouvert à la page des tortues de mer. Tu parcours rapidement le texte : en plus de la description de leur anatomie, un paragraphe t'explique le cycle de vie des tortues,

2

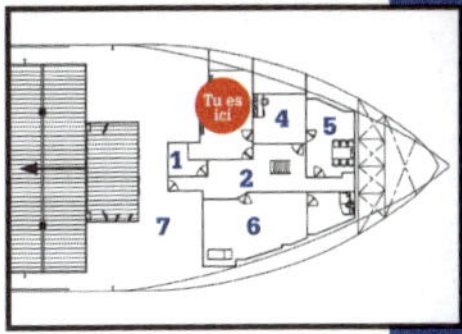

de l'éclosion de leurs œufs jusqu'à leur retour en mer. Qu'un tel livre se trouve sur le navire d'Oro te semble étrange… Tu regardes donc tout autour de toi, examinant chaque détail. Toi qui aimes bien les jeux de stratégie et d'exploration, tu sais que chaque indice compte…

Focalisé sur les livres, tu n'avais pas encore remarqué l'élément le plus imposant de la pièce : un immense **tableau magnétique** sur le mur du fond. Il te rappelle ceux aux murs des commissariats de séries policières, quand les enquêteurs qui traquent le serial killer essaient d'établir son profil et la chronologie des faits. De nombreux éléments y sont accrochés avec des aimants : des coupures de presse, des photos, des citations encadrées… À première vue, rien ne ressort de ce fouillis mais il faudra sans doute que tu y jettes un œil plus longuement.

4

Tu repères également dans un coin de la pièce une **vitrine d'exposition** dont, pour le moment, tu ne distingues que le titre : « océan Austral ».

Si tu veux regarder plus attentivement le tableau magnétique, va en **page 8**.
Si tu préfères examiner la vitrine d'exposition, va en **page 9**.
Sinon, tu peux continuer ta visite du premier étage.

2

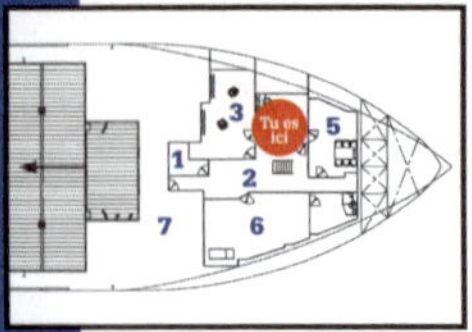

LA SALLE DES CARTES

Tu pénètres dans une grande salle.

Tout un pan de mur est occupé par un immense **planisphère numérique**. Un point vert s'y déplace, pas si loin de Belém : tu as sous les yeux la position exacte de ton navire en pleine mer ! Malheureusement, ce planisphère ne mentionne pas tes coordonnées géographiques : il faudra trouver un autre objet pour te géolocaliser.

3 ◄- - -

- - -► 5

Un panneau électrique est encastré dans le mur. Il abrite un disjoncteur différentiel et, grâce à lui, tu peux agir sur l'alimentation des installations électriques du bateau. Il y a tout un tas d'interrupteurs dont tu peux changer la position on/off, si tu le souhaites. Pour ça, utilise le tableau ci-dessous et rends-toi à la page indiquée en face de ton action. Par exemple, l'alimentation générale est sur on. Si tu veux la mettre sur off, rends-toi **page 18**. Tu peux également poursuivre ton exploration ou essayer d'utiliser certains objets dans cette pièce.

Interrupteur	Position	Rends-toi page…
Alimentation générale	On	18
Chauffage cabines deuxième étage	Off	12
Chauffage bloc S	On	17
Alimentation haut-parleurs	Off	11
Alimentation salle machines	On	13
Ventilation salle machines	On	16
Électricité cuisine	On	15
Lumière phares extérieurs	On	14

▼ 2

LE MESS / SALLE DE RÉUNION

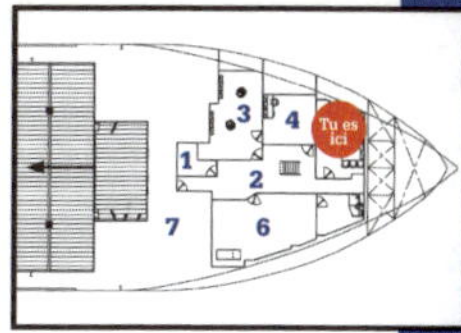

La pièce dans laquelle tu pénètres semble remplir plusieurs fonctions. Il s'agit d'abord du mess, autrement dit, la salle à manger du capitaine et de ses officiers. Elle ne dispose pas d'une cuisine à proprement parler, mais c'est assez normal vu qu'il s'agit d'une… salle à manger. Tu repères néanmoins un réfrigérateur, un placard contenant des boissons, des verres, des bols et des biscuits apéritifs, ainsi qu'une cafetière, un service à café, des mugs et du sucre en morceaux. Toi qui pensais que ce bateau désert ne servait que pour une exposition, tu es assez surpris de trouver tout ça. Ceci étant, il s'agit de denrées non périssables et tu te dis qu'elles ont tout à fait leur place sur un navire.

En observant de nouveau la pièce, tu réalises qu'elle peut également servir de salle de réunion ou de travail en dehors des heures des repas. Sinon, à quoi serviraient les stylos, les blocs-notes, les carnets de croquis et le *paperboard* que tu vois ? Un carnet attire ton attention : c'est une sorte de guide écrit à l'attention des apprentis marins. Il te donne des astuces pour survivre en mer. Si tu veux le lire, rends-toi à la **page 71**. Tu trouves aussi une sono, probablement connectée aux haut-parleurs du bateau, et, à côté, un **CD de l'opéra *La Walkyrie***.

Tout à coup, un gargouillis résonne dans la pièce… C'est ton estomac qui se fait remarquer. Ton petit-déjeuner ne t'a pas du tout calé, c'est certain, et tu prends conscience que tu as drôlement faim. Tu ouvres le placard pour prendre les biscuits mais tu réalises soudain que tu n'auras peut-être pas d'autres vivres… Mieux vaut te rationner, juste au cas où.

N'oublie pas que tu peux combiner des objets n'importe quand en te rendant **page 44**. Tu peux aussi poursuivre ton exploration.

4 ←
↓ 2

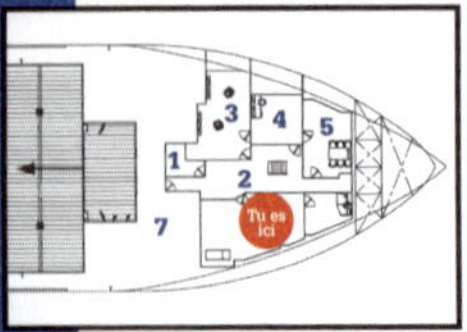

2

L'INFIRMERIE

Côté droit de la coursive, il y a une pièce un peu spéciale. Il s'agissait probablement d'une cabine pour l'équipage, comme en témoigne la présence d'un bureau, de quelques fauteuils, d'une couchette et, surtout, la pièce mitoyenne : une salle de bain. Mais elles semblent avoir été aménagées en infirmerie.

Des emballages vides de médicaments, de pansements et de compresses jonchent le sol. Au-dessus du lit, une affiche explique comment mettre une personne en position latérale de sécurité si elle fait un malaise ou est blessée. Tu vois aussi une couverture de survie non utilisée et une boîte vide de gants jetables. Enfin, un inventaire des produits de premiers secours, disponibles habituellement dans les placards a été scotché au mur. En plus des grands classiques, quelqu'un a ajouté à la main : « miel de manuka (cicatrisant) ».

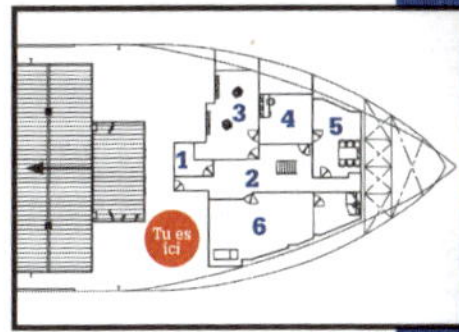

Tu te retrouves à l'air libre, le cœur battant. Comment le capitaine t'a-t-il entendu ? Peut-il aussi te voir ? En regardant autour de toi, tu as ta réponse : une demi-sphère noire est fixée au-dessus de la porte que tu viens d'emprunter, et une autre un peu plus loin. Des caméras. Il doit y en avoir partout sur le bateau… Il t'observe ! Tu as besoin d'en être sûr, alors tu rallumes ton talkie-walkie.

- Je ne te quitte pas des yeux, mon mignon ! Je te l'ai dit, tu ne peux pas m'échapper !

Le rire du capitaine résonne encore plus fort dans le petit appareil, puis il enchaîne :

- Va donc jeter un œil à bâbord ! 2

Oro Nordingan ne s'y attendait peut-être pas, mais tu te tournes immédiatement vers la gauche. Heureusement que tu connais le vocabulaire de la navigation !

Tout à coup, tu t'aperçois que le bateau ralentit…

- À la poupe ! Tu verras mieux le spectacle !

Tu te diriges vers l'arrière du bateau et tu arrives sur une plate-forme surélevée, dont une partie est occupée par un objet volumineux dissimulé sous une bâche. Alors que tu regardes sur la gauche, tu découvres un spectacle qui te serre le cœur…

Sous une houle grandissante, une bande de **dauphins** paraît extrêmement agitée. Ils tournent autour d'un de leurs petits qui se débat au centre d'une grande surface de **plastique** flottant. Le pauvre !

La voix du capitaine retentit à nouveau :

- C'est parfait, n'est-ce pas ? Ils ne vont pas abandonner leur petit et font des cibles de choix. Regarde sous la bâche à côté de toi, je t'ai préparé une surprise…

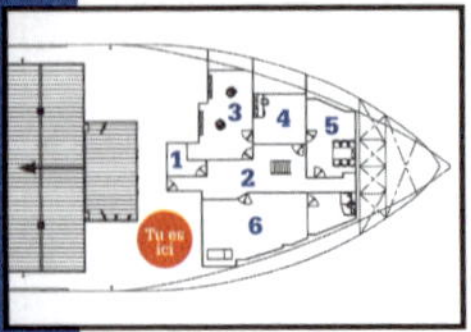

Presque malgré toi, tu obéis. C'est bien ce que tu craignais : la bâche dissimule un terrifiant **canon lance-harpon**, l'arme de prédilection des baleiniers !

- Maintenant que j'ai immobilisé le bateau, tu vas pouvoir en abattre au moins deux ! Et si tu es vraiment trop mauvais, le petit, au moins, est impossible à rater…

- Hors de question !

Excédé, tu éteins à nouveau ton talkie. Au fond de toi, tu as une seule et unique certitude : tu ne vas certainement pas lui obéir. Au contraire, tu vas même aider ce pauvre dauphin à regagner la liberté.

Tu cherches des yeux ce qui pourrait te servir. À part cette horreur de canon, tu vois aussi de grandes lances à eau qui peuvent être utilisées pour éteindre des incendies, sur les plates-formes pétrolières, par exemple. Il y a aussi des gilets de sauvetage et des **grappins**. Dans une caisse rouge, tu trouves justement un **lance-grappin**. Plus loin, des zodiacs, des canots pneumatiques motorisés, attendent d'être mis à l'eau. Tu te souviens des missions de Sea Shepherd que ton père te racontait. Paul Watson et son équipage les utilisait pour stopper le passage des bateaux et les forcer à s'arrêter. Petits et faciles à manier, les zodiacs leur permettaient d'être plus rapides et agiles sur l'eau que les gros baleiniers.

Tu réfléchis. La houle s'accentue et tout se met à tanguer plus fort, même si le moteur du navire continue à tourner au ralenti. Il n'y a plus de temps à perdre ! Tu grimpes dans un zodiac, le descends à la mer et tu rejoins les dauphins. Maintenant, comment libérer le petit pris au piège ? Tu peux aller au livret d'actions en **page 44** pour essayer d'utiliser deux objets ensemble.

2

LE TABLEAU MAGNÉTIQUE

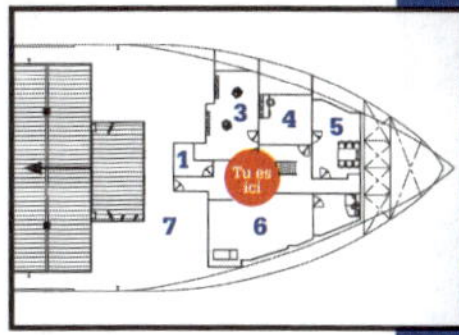

Tu retournes voir l'immense tableau magnétique sur le mur et tu observes avec attention chaque élément qui y est affiché, pour voir si l'un d'entre eux te parle.

• Au centre, tu repères une photo découpée dans un journal et visiblement prise dans un musée. Elle représente Paul Watson fixant le cliché d'un immense œil de baleine. La légende en dessous indique : « Projet Achab, 1975. Paul Watson vs la flotte baleinière russe : naissance d'une vocation ».

• La légende d'une autre photo, « Labrador, 1976 », attire ton attention. Curieusement, tu ne vois aucun chien, seulement Paul Watson en train de peindre en rouge le pelage blanc d'un bébé phoque. Il a tout de même de drôles d'idées.

• Sur une plaque émaillée noire, une citation ressort : « Je ne suis pas venu au Japon pour sauver des pêcheurs. Mon devoir est de sauver les dauphins, alors je sauverai les dauphins. » Sous la citation, un lieu et une date : « Île d'Iki, 1982 ».

4

• Tu termines ton observation avec une jolie illustration représentant un barrage de castors sur un lac entouré de bois, avec une légende, sobre : « Nouveau Brunswick, 1960 ».

Tu essaies de retenir le plus de détails possible, puis tu retournes explorer le reste de la bibliothèque, **page 3**.

2

LA VITRINE D'EXPOSITION

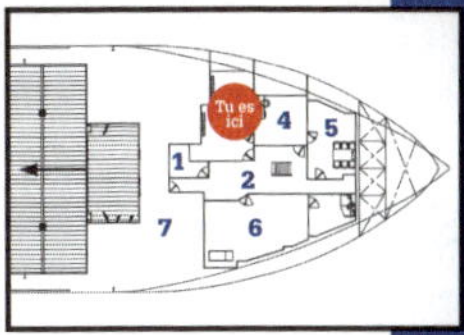

Juste à côté de la vitrine est accroché un poster de film japonais. Tu reconnais la silhouette du célèbre monstre Godzilla mais quelqu'un y a ajouté un bandeau qui n'a pas l'air d'origine : « Ne ratez pas Godzilla au secours des baleines, sur vos écrans en 2010-2011 ».

Dans la vitrine, chaque étagère met en valeur un objet, accompagné d'une légende. Ce doit être la fameuse exposition qui t'incitait à monter à bord…

4

• Une balle de fusil brille dans un coffret tapissé de velours rouge. Tu lis la légende : « Une balle pour une baleine, 2007-2008 ».

• Dessous, un trophée représente deux danseurs. La légende dit : « Opération Waltzing Matilda, 2009-2010 ».

• Puis, un portrait encadré représente un officier de l'armée japonaise avec beaucoup de prestance ; sûrement un général. La légende précise : « Opération Musashi, 2008-2009 ».

• L'objet suivant est un modèle réduit d'hélicoptère. La légende indique : « Froid comme la glace, océan Austral, début 2006 ».

• Enfin, tout en bas est exposé un pavillon noir, un drapeau pirate enroulé dont la légende mentionne : « Opération Léviathan, fin 2006-2007 ».

Tu essaies de retenir le plus de détails possible, puis tu retournes explorer le reste de la bibliothèque en **page 3**.

2

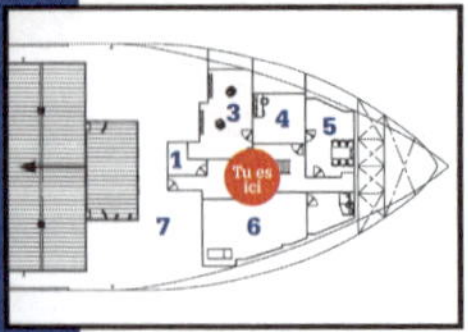

LE DIGICODE DU PREMIER ÉTAGE

À la place des chiffres habituels, tu vois six pictogrammes d'animaux :

Tu dois trouver les deux animaux à associer pour ouvrir la grille. Mais quel rapport entre une baleine, un mouton, un castor, un dauphin, un phoque et un thon ? Et bien sûr, pas de réseau pour chercher sur Internet ! Peut-être que quelque chose sur ce bateau pourrait t'aider à trouver la combinaison…

Tu penses avoir trouvé ? Alors rends-toi à la page qui correspond à ta réponse :

 ➡ Page 19

 ➡ Page 20

 ➡ Page 21

L'ALIMENTATION DES HAUT-PARLEURS

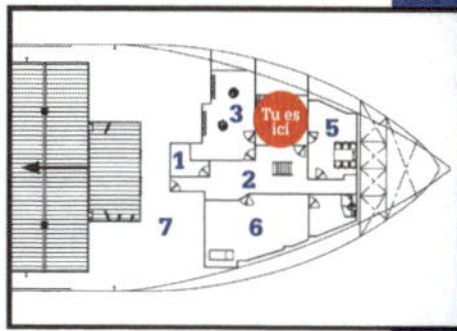

Sur le disjoncteur différentiel, tu cherches l'interrupteur lié aux haut-parleurs et le désactives. Aussitôt le grésillement caractéristique des appareils qui remplissait chaque recoin du navire se tait et tu savoures le silence et ton ingéniosité : le capitaine aura beau éructer tout ce qu'il sait, tu ne risques plus d'entendre ses moqueries pendant un certain temps. Mais tu sais aussi que, s'il est capable de diriger le *Sea Shepherd II* à distance, il a dû prévoir une solution de secours pour parer à ton intervention. Il y a donc des chances qu'à un moment ou à un autre sa voix retentisse à nouveau dans les coursives du bateau. Autant mettre à profit le temps calme dont tu disposes pour poursuivre ton exploration sereinement. Tu peux revenir en **page 4**.

3

5

2

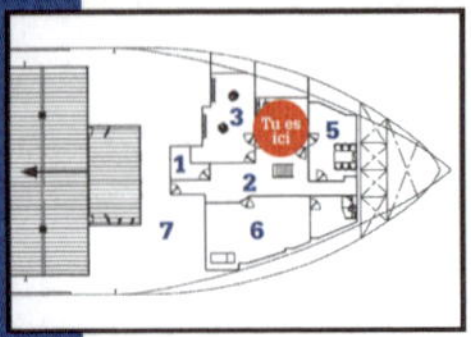

LE CHAUFFAGE DES CABINES DU DEUXIÈME ÉTAGE

Si tu ne t'es pas encore occupé des œufs de tortue, tu préfères d'abord trouver le moyen de retourner chez toi avant de t'occuper du chauffage.

Si tu t'es déjà occupé des œufs de tortue, tu pousses l'interrupteur lié au chauffage des cabines du deuxième étage. Ah ! C'est beaucoup mieux comme ça. Les œufs vont maintenant incuber dans de bonnes conditions et éclore sans risquer d'attraper la grippe – enfin, si les tortues peuvent attraper la grippe. Tu peux continuer ton aventure sereinement et revenir en **page 4**.

3 ←
→ 5

↓ 2

L'ALIMENTATION DE LA SALLE DES MACHINES

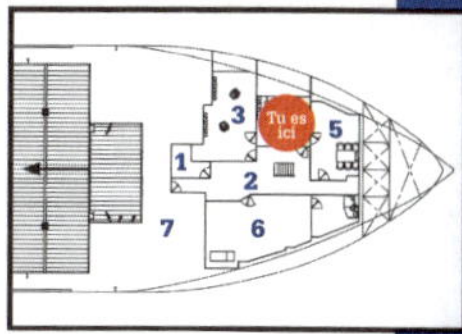

Si tu as déjà repris le contrôle du navire, toucher à l'alimentation de la salle des machines ne te servira à rien : le bateau est déjà arrêté.

Si tu n'as pas encore repris le contrôle du navire, une idée t'est venue : c'est grâce à la salle des machines que le bateau peut avancer. Si tu en coupes l'alimentation, tout s'arrêtera et le capitaine ne pourra plus t'emmener où bon lui semble.
Tu cherches l'interrupteur de la salle des machines et tu l'actionnes. Pendant quelques instants, tu as l'impression que le bateau ralentit… puis il repart de plus belle. Tu aurais dû t'en douter : un tel navire dispose forcément d'un générateur de secours en cas d'avarie. Et là, il vient pile de se mettre en marche… Tu pourrais certes partir à sa recherche et l'arrêter, mais tu ne sais absolument pas où il se trouve et, même si c'était le cas, tu risquerais d'endommager le navire alors que tu te trouves en haute mer. Un peu déçu mais toujours confiant en tes capacités, tu décides de revenir en **page 4**.

3 ◄- - -

- - -► 5

2

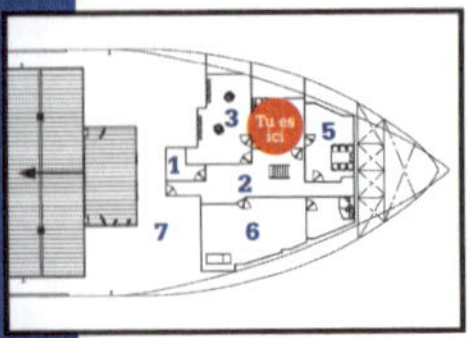

LA LUMIÈRE DES PHARES EXTÉRIEURS

Ah ! Enfin, tu entrevois un début de solution. En jouant avec la lumière des phares extérieurs, tu peux peut-être attirer l'attention d'un autre navire qui viendrait t'aider. Ton père t'a parlé du morse, ce code qui permet de faire passer un message grâce à des séries d'impulsions courtes et longues. Elles peuvent être produites avec du son, des signes ou encore… de la lumière ! Vite : tu pousses l'interrupteur à plusieurs reprises. Le code morse pour « SOS » est simple : trois impulsions courtes, trois longues, puis de nouveau trois courtes. Tu fais le code plusieurs fois de suite. Malheureusement, tu réalises qu'en plein jour les autres bateaux vont avoir du mal à apercevoir tes signaux lumineux. Tu abandonnes cette idée et tu retournes en **page 4**.

3 ←
→ 5

↓ 2

L'ÉLECTRICITÉ DE LA CUISINE

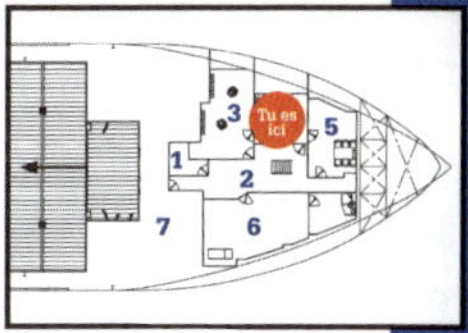

Tu passes ton doigt sur plusieurs interrupteurs, avec la sensation de pouvoir tout contrôler sur le bateau. Après t'être fait mener par le bout du nez par le capitaine, ça n'est pas désagréable… Tu laisses ton doigt actionner un des interrupteurs, celui de la cuisine. Soudain, tu réalises ton erreur : dans la cuisine, il y a sûrement des réfrigérateurs et, sans électricité, ils ne pourront plus garder les aliments au frais ! Mieux vaut remettre ce bouton comme il était auparavant et ne plus y toucher. Tu peux retourner en **page 4**.

3 5

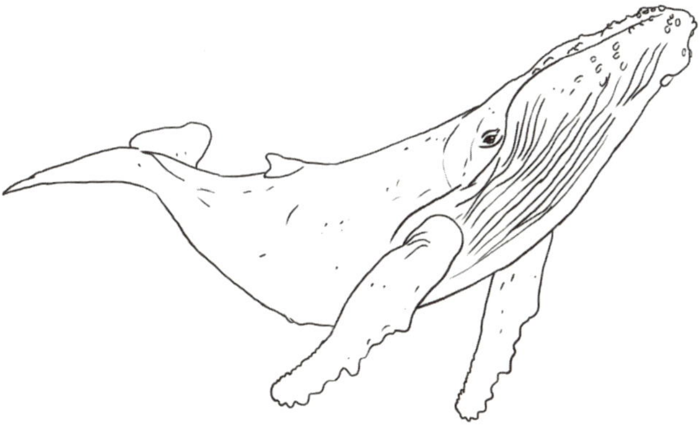

2

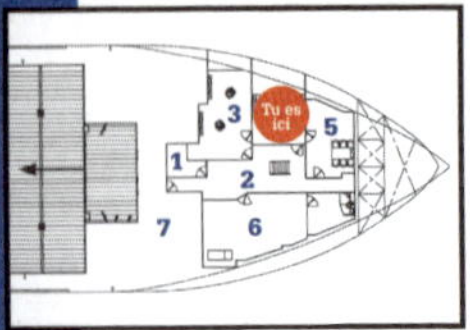

LA VENTILATION DE LA SALLE DES MACHINES

Sans trop savoir pourquoi, tu décides de mettre sur off l'interrupteur lié à la ventilation de la salle des machines. À première vue, ça ne change rien. Tu attends quelques minutes, au cas où l'effet se ferait sentir à retardement. En même temps, tu essaies d'imaginer ce que ton action pourrait avoir comme conséquences. Tu sais à peu près à quoi sert une ventilation : elle évite la surchauffe des appareils et, du coup, la panne. Soudain, tu réalises ton erreur : si la salle des machines, qui sert à faire avancer le bateau, n'est plus ventilée, tout risque de tomber en panne ! Et là, tu seras vraiment perdu en pleine mer, sans aucune possibilité de te déplacer, d'autant que tu n'as pas assez de connaissances pour réparer ce genre d'appareils… Le bateau dériverait au gré des courants marins. Rien que d'y penser, tu as froid dans le dos. Tu remets l'interrupteur sur on. Ouf ! Tu l'as échappé belle ! Tu peux revenir en **page 4**.

3

5

2

LE CHAUFFAGE DU BLOC S

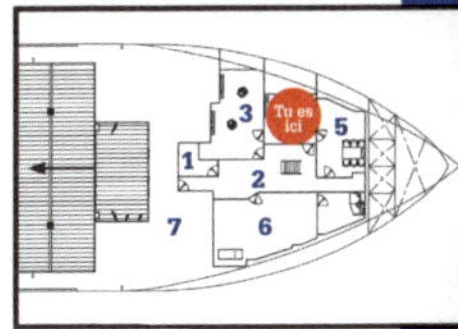

Chauffage du bloc S ? Tu ne comprends pas trop à quoi cet interrupteur correspond, mais tu décides tout de même de le mettre sur off. Rien ne se passe, même si tu imagines avoir coupé le chauffage dans une partie du bateau. Tu ne te souviens pas avoir visité le moindre « bloc S » ; S pour quoi, d'ailleurs ? Soute ? Salon ? Salle de bain ?

C'est un mystère de plus que tu ne pourras pas résoudre tout de suite. Tu ferais mieux de revenir en **page 4** et de reprendre ton exploration.

3

5

2

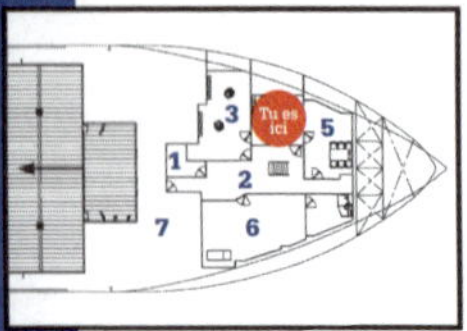

L'ALIMENTATION GÉNÉRALE

Si tu as déjà repris le contrôle du navire, toucher à l'alimentation générale ne te servira à rien : le capitaine n'a déjà plus la main sur son bateau.

Si tu n'as pas encore repris le contrôle du navire, tu décides, en dépit des risques, de couper le courant dans le bateau tout entier. Le jeu en vaut la chandelle. Sans électricité, il est hautement probable que le contrôle à distance utilisé par le capitaine ne puisse plus fonctionner et tu seras enfin libre d'appeler au secours et de rentrer chez toi.

Tu appuies sur l'interrupteur du disjoncteur. La lumière vacille… mais ne s'éteint pas tout à fait. Quelques instants plus tard, elle redevient même comme avant. Tu aurais dû t'en douter : un tel navire dispose forcément d'un générateur de secours en cas d'avarie. Et là, il vient pile de se mettre en marche… Tu pourrais certes partir à sa recherche et l'arrêter, mais tu ne sais absolument pas où il se trouve et, même si c'était le cas, tu risquerais d'endommager le navire alors que tu te trouves en haute mer. Un peu déçu mais toujours confiant en tes capacités, tu décides de revenir en **page 4**.

3 ◄- - -
- - -► 5
2

3 4 5 22

LE DIGICODE DU PREMIER ÉTAGE

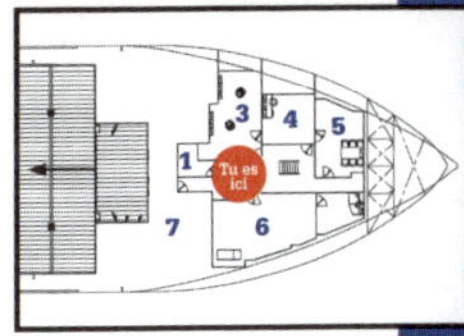

Tu entres le code, sûr d'avoir trouvé le bon et… rien ne se passe. La poisse ! Ce n'est pas la bonne combinaison. Tu peux retourner à la **page 10** si tu veux en essayer une autre. Si tu n'as pas d'idée, tu peux à nouveau explorer le premier étage à la recherche d'indices. N'oublie pas que le *Carnet pour apprenti marin*, en **page 71**, peut aussi t'aider.

1

7
6

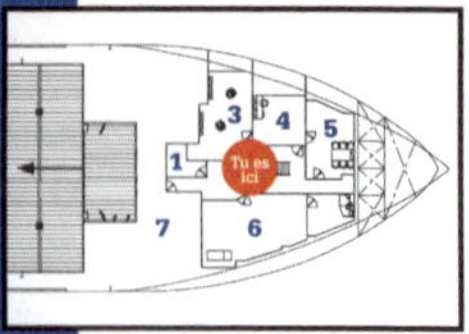

LE DIGICODE DU PREMIER ÉTAGE

Tu entres le code, sûr d'avoir trouvé le bon et… rien ne se passe. La poisse ! Ce n'est pas la bonne combinaison. Tu peux retourner à la **page 10** si tu veux en essayer une autre. Si tu n'as pas d'idée, tu peux à nouveau explorer le premier étage à la recherche d'indices. N'oublie pas que le *Carnet pour apprenti marin*, en **page 71**, peut aussi t'aider.

3 4 5 22
1

7
6

3 4 5 22

LE DIGICODE DU PREMIER ÉTAGE

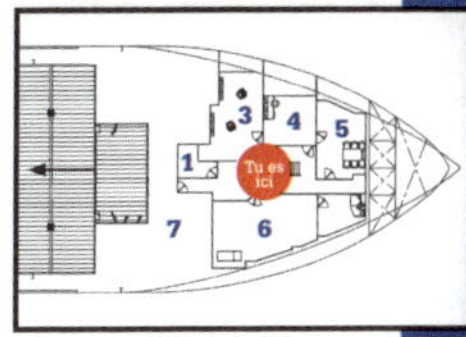

Tu entres le code et la grille s'ouvre avec un bourdonnement électrique, permettant enfin l'accès au deuxième étage. Bravo, tu as trouvé la bonne combinaison. La solution était simple : il fallait identifier les deux seuls animaux du digicode qui apparaissent également au-dessus des jauges, sur le schéma de la coursive. Il s'agit bien du dauphin et du phoque.
Sans plus attendre, tu montes les marches, te demandant ce que tu vas trouver...
Va en **page 22** pour le découvrir !

1

7

6

24 25

LA COURSIVE DU DEUXIÈME ÉTAGE

Attention, cet étage n'est accessible que si tu as résolu l'énigme du premier digicode.

Tu arrives au deuxième étage, dont tu pourras retrouver le plan et un nouveau tableau d'interaction venant compléter celui sur le rabat, en **pages 73-74**. Les escaliers continuent vers le troisième étage, mais une nouvelle grille, elle aussi fermée par un digicode, en barre l'accès. Tu es certain que la passerelle de navigation se trouve tout en haut… Tu vas devoir élucider cette nouvelle énigme pour reprendre le contrôle du navire, mais tu peux aussi commencer par explorer le deuxième étage.

Ce nouveau digicode présente six pictogrammes inédits. Cette fois-ci, il n'y a pas d'animaux, à part… Godzilla ! En effet, la silhouette massive du célèbre monstre japonais, reconnaissable entre mille, orne le premier bouton. Tu cherches le lien avec les autres pictogrammes, mais sans succès.

30
23
2 28 29

Tu dois trouver la combinaison en appuyant sur les six boutons dans le bon ordre. Tu as de la chance, trois sont déjà été enfoncés : l'hélicoptère, le pavillon et la balle. À ton avis, parmi les propositions ci-dessous, laquelle est correcte ? Si tu n'as pas d'idée, tu peux continuer à explorer les deux premiers étages pour trouver des indices.

Page 31

Page 32

Page 33

Page 34

Page 35

Page 36

26
27
2 28 29

LES ARCHIVES

Cette salle du deuxième étage ressemble à un mini musée. Le nom « Archives » lui convient bien. Des affiches Sea Shepherd tapissent les murs et des vitrines exposent reliques et vestiges des différentes campagnes de l'organisation.

Au centre de la pièce, une série de classeurs archivent, par ordre chronologique et par pays, tous les articles écrits sur Paul Watson et sur Sea Shepherd depuis sa création.

Tu trouves aussi les documents légaux de l'association : les titres de propriété des bateaux de la flotte Sea Shepherd, des listes de donateurs et même un fichier rotatif contenant les coordonnées de contacts utiles. Tu découvres également plusieurs **plans de bateaux** : ceux du *Sea Shepherd* d'origine et du *Sea Shepherd II*, sur lequel tu te trouves.

Enfin, tu repères une photo de Paul Watson jeune, avec une très jolie blonde qui tient un bébé phoque dans les bras. Tu crois la reconnaître : c'est Brigitte Bardot, une actrice célèbre, aussi réputée pour sa beauté que pour son engagement en faveur des animaux.

Tu ne comprends pas... Le capitaine Nordingan est censé détester Paul Watson, l'organisation Sea Shepherd et tout ce qu'ils représentent, et pourtant il a fait de ce bateau une réplique du *Sea Shepherd*... Quel esprit tordu pourrait imaginer une telle mise en scène pour se venger ?

N'oublie pas que tu peux essayer quand tu le souhaites de combiner des objets en te rendant en **page 44**. Tu peux aussi poursuivre ton exploration.

22

LE SALON DE DÉTENTE

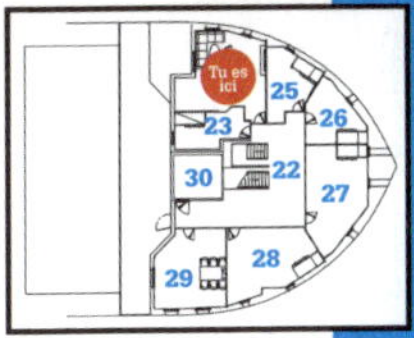

Tu entres dans une pièce dont le mur du fond est occupé par un téléviseur à écran géant. Les seules tables présentes sont soit des tables à dessin inclinées, avec tout le matériel nécessaire pour dessiner ou peindre, soit de petites tables carrées décorées de damiers pour jouer aux échecs. De petits bancs sont installés devant l'écran.

Un panneau attire ton attention : « Salon de détente ». Tout un programme ! Tu fais le tour de la pièce et tu comprends mieux son nom : tout ce que tu trouves ici est distrayant. Des DVD de dessins animés, un baby-foot, un assortiment de jeux de cartes, de nombreux jeux de société et même des **accessoires de baseball** : une batte, des balles et un gant.

Sur l'une des étagères, un **poisson** dans un aquarium te regarde en ouvrant et en fermant la bouche. Il semble mal en point. Peut-être a-t-il faim ? Où se trouve sa nourriture ?

Tu t'apprêtes à sortir de la pièce quand le téléviseur s'allume et une voix t'apostrophe :

- Comment as-tu réussi à arriver là, toi ?

Tu sursautes. Tu connais cette voix... et voilà qu'un visage apparaît à l'écran : Oro Nordingan, le capitaine du *Sienna*.

Un instant, tu hésites à lui répondre, mais tu préfères finalement l'ignorer. Après tout, il ne s'attendait pas à ce que tu sois plus malin que lui et tu as l'impression d'avoir un peu repris l'avantage. Tu éteins l'écran et tu sors.

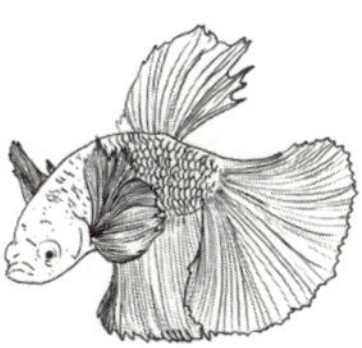

22

LA CABINE A

La coursive débouche sur un arc de cabines : deux petites sur la gauche et deux plus grandes en face et à droite. Elles sont toutes ouvertes et comptent chacune plusieurs lits.

Tu ne trouves rien de spécial dans la première à part l'équipement standard : des draps pliés, une chaise, un bureau, quatre lits, de petites tables basses… Tu essaies d'imaginer la vie en mer. Les matelots n'ont pas beaucoup d'intimité, à quatre dans de si petites pièces. En même temps, ils ont sûrement mieux à faire que de rester cloîtrés dans leur chambre !

22

LA CABINE B

La deuxième cabine est plutôt spartiate, mais c'est surtout sa fraîcheur qui te frappe. Tu es pris d'un frisson. Qu'est-ce qu'il fait froid ! Ils ne connaissent donc pas le chauffage, ces matelots ? Sur une petite table, une boîte en métal attire ton attention. Tu l'ouvres et tu y trouves... **trois petits œufs blancs** ! Oh ! Comme ils sont mignons, on dirait des œufs de caille... Ils sont beaucoup plus petits et plus ronds que les œufs de poule. À en croire l'étiquette collée sur le couvercle de la boîte, il s'agit d'œufs de tortue Sada, une espèce très rare qu'on trouve au Portugal. Installés comme ça, tu n'es pas certain qu'ils puissent éclore un jour... Même si tu ne connais pas grand-chose aux tortues, tu aimerais bien les aider. Mais comment t'y prendre ? Il faudrait au moins que tu puisses te documenter un minimum... Comment faire sans accès Internet ?

N'oublie pas que tu peux essayer quand tu le souhaites de combiner des objets en te rendant en **page 44**. Tu peux aussi poursuivre ton exploration.

22 ←

LA CABINE C

Au premier coup d'œil, la troisième cabine ne présente aucun intérêt pour toi. Tu y retrouves les objets habituels : lits, bureau, chaise, tables d'appoint... Jusqu'à ce que ton œil soit attiré par une lueur sous un des lits. Tu te mets à quatre pattes pour t'en rapprocher : c'est une **montre**, à peine dissimulée sous le sommier ! Et si tu l'as remarquée, c'est parce qu'elle est phosphorescente. En l'observant plus avant, tu ne peux contenir ta joie : ta mère t'a déjà parlé de ce genre de montres GPS. Elles permettent non seulement de connaître l'heure dans toutes les parties du monde mais aussi de géolocaliser n'importe quel bateau sur l'océan ! Enfin, n'importe quel bateau... Disons plutôt celui sur lequel elles se trouvent. En plus, celle-ci est estampillée Sea Shepherd. Tu la mets à ton poignet.

22 ◄- - -

22

LA CABINE D

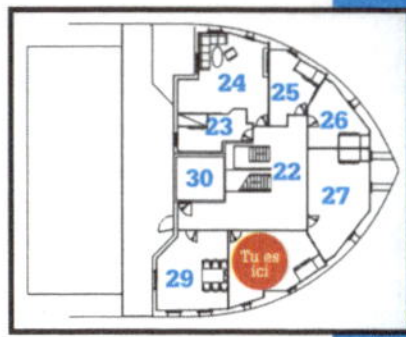

La dernière cabine est la plus surprenante.

Sur un des lits, les draps sont mis mais défaits. Derrière la porte, des bottes sont bien rangées le long du mur. Au-dessus, sur une patère, sont disposés des vêtements contre la pluie (une casquette imperméable et un ciré qui pourraient servir par gros temps) et le froid (une veste polaire à capuche, un béret, une écharpe et des gants). En te baissant, tu aperçois des emballages de gâteaux vides qui ont glissé sous un sommier. Et puis surtout, pouah ! ça sent le fauve ici !

LA CUISINE / SALLE À MANGER

22

Tu arrives dans une salle inattendue : une cuisine, et moderne qui plus est ! Finis les repas à coups de biscuits apéritifs !

Tu ouvres tous les placards, examines les moindres recoins. La cuisine est très bien équipée. En termes d'ustensiles, tu n'as aucun souci à te faire : couteaux, fourchettes, assiettes, verres… Il y a tout ce qu'il faut, et même une éponge et du liquide vaisselle ! D'ailleurs, ils seraient bien utiles pour nettoyer cette assiette et ces couverts sales restés dans l'évier. À tes pieds, tu remarques un **seau** vide que tu peux facilement remplir d'eau grâce au tuyau relié au robinet de l'évier.

Le réfrigérateur, le congélateur et les placards contiennent quelques victuailles : des denrées non périssables comme des pâtes, du sel et du **miel de manuka**, ce qui paraît normal pour une longue campagne en mer, mais aussi des produits frais. Par contre, tout cela ne suffira guère à te nourrir plus de quelques jours. Il ne faudrait pas rester ici plus longtemps que nécessaire…
Deux choses attirent ton attention. D'abord, tu trouves dans le réfrigérateur quelques portions de plats préparés… pour deux personnes. Pourtant, tu es seul sur ce navire, non ? Ensuite, le congélateur regorge de poissons panés et autres filets de poissons pêchés en haute mer. Certes, tu sais que les animaux marins peuvent servir de nourriture à l'espèce humaine mais, ici, il y en a vraiment beaucoup trop pour que ce soit le fruit du hasard… C'est sûrement une farce macabre d'Oro Nordingan.

La cuisine donne sur une salle à manger spacieuse. Quelques tables et chaises, toutes boulonnées au sol, des canapés et des fauteuils. Sur une petite table, tu récupères une petite boîte de **nourriture pour poisson**. On ne sait jamais, ça pourrait servir…

LE DÉBARRAS

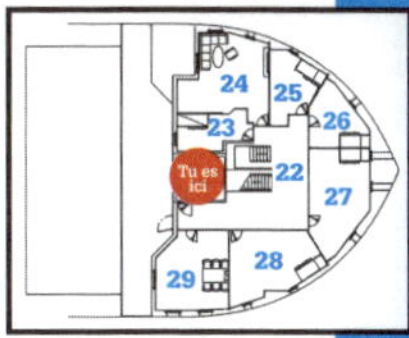

Au bout de la coursive, une porte semble mener à une autre pièce du navire mais elle est condamnée : d'énormes bidons renversés bloquent le passage. Prenant ton courage à deux mains, tu tentes de les déplacer mais c'est peine perdue. Ils sont trop lourds pour toi, d'autant plus qu'ils sont pleins ! Peut-être trouveras-tu plus tard une solution pour accéder à cette porte mais, pour le moment, il vaut mieux poursuivre ton exploration…

→ 22

24 25 ~~27~~

LE DIGICODE DU DEUXIÈME ÉTAGE

Tu entres le code, sûr d'avoir trouvé le bon et… rien ne se passe. La poisse ! Ce n'est pas la bonne combinaison. Tu peux retourner en **page 22** si tu veux en essayer une autre. Si tu n'as pas d'idée, tu peux à nouveau explorer les deux premiers étages à la recherche d'indices. N'oublie pas que le *Carnet pour apprenti marin*, en **page 71**, peut aussi t'aider.

30 ← 26 →
23 ← 27 →
2 28 29

24
25
37

LE DIGICODE DU DEUXIÈME ÉTAGE

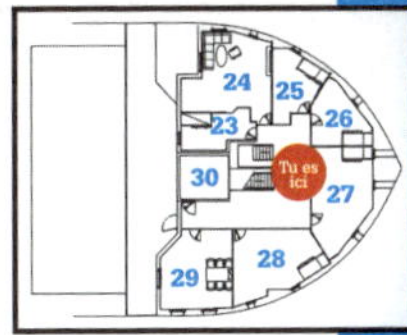

Tu entres le code, sûr d'avoir trouvé le bon et… rien ne se passe. La poisse ! Ce n'est pas la bonne combinaison. Tu peux retourner en **page 22** si tu veux en essayer une autre. Si tu n'as pas d'idée, tu peux à nouveau explorer les deux premiers étages à la recherche d'indices. N'oublie pas que le *Carnet pour apprenti marin*, en **page 71**, peut aussi t'aider.

30
23
26
27
2
28
29

LE DIGICODE DU DEUXIÈME ÉTAGE

Tu entres le code, sûr d'avoir trouvé le bon et… rien ne se passe. La poisse ! Ce n'est pas la bonne combinaison. Tu peux retourner en **page 22** si tu veux en essayer une autre. Si tu n'as pas d'idée, tu peux à nouveau explorer les deux premiers étages à la recherche d'indices. N'oublie pas que le *Carnet pour apprenti marin*, en **page 71**, peut aussi t'aider.

24 25 ~~32~~
30 23 26 27
2 28 29

24 25 37

LE DIGICODE DU DEUXIÈME ÉTAGE

Tu entres les trois derniers pictogrammes. Un son électrique te répond : bravo ! La grille est désormais ouverte ! Tu as compris que, cette fois, les six éléments de la vitrine d'exposition dans la bibliothèque étaient de vrais indices, capitaux pour résoudre cette énigme. Il fallait les reprendre par ordre chronologique.
Tu as enfin accès au dernier étage, et tu t'y précipites !

Va en **page 37** pour le découvrir !

30 23 26 27 2 28 29

24 25 37

LE DIGICODE DU DEUXIÈME ÉTAGE

Tu entres le code, sûr d'avoir trouvé le bon et… rien ne se passe. La poisse ! Ce n'est pas la bonne combinaison. Tu peux retourner en **page 22** si tu veux en essayer une autre. Si tu n'as pas d'idée, tu peux à nouveau explorer les deux premiers étages à la recherche d'indices. N'oublie pas que le *Carnet pour apprenti marin*, en **page 71**, peut aussi t'aider.

30 23 26 27
2 28 29

24

25 31

LE DIGICODE DU DEUXIÈME ÉTAGE

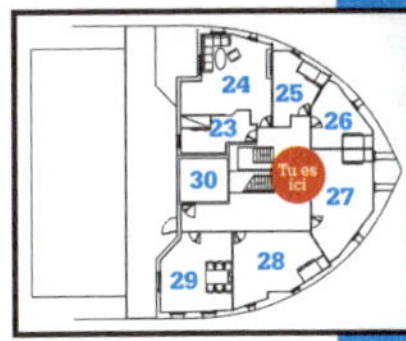

Tu entres le code, sûr d'avoir trouvé le bon et… rien ne se passe. La poisse ! Ce n'est pas la bonne combinaison. Tu peux retourner en **page 22** si tu veux en essayer une autre. Si tu n'as pas d'idée, tu peux à nouveau explorer les deux premiers étages à la recherche d'indices. N'oublie pas que le *Carnet pour apprenti marin*, en **page 71**, peut aussi t'aider.

30 23 26 27 2 28 29

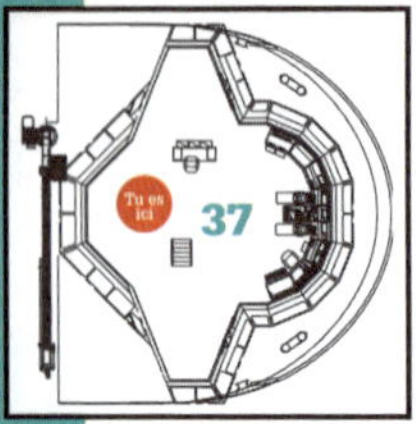

LA PASSERELLE DE NAVIGATION

Attention, cette coursive n'est accessible que si tu as résolu l'énigme du second digicode.

En arrivant au dernier étage, tu es presque déçu. Il se résume à une seule grande pièce avec la barre, une **corne de brume** posée dans un coin et un **ordinateur portable** posé sur le tableau de commande. Sans surprise, il est allumé et tu te demandes par quel moyen Oro Nordingan peut bien le contrôler à distance, alors que tu ne captes ni 4G ni wifi en haute mer.

Pour le moment, tu le sais, le navire est à la merci du terrible capitaine. Il faudrait que tu en reprennes le contrôle, mais comment ? Sur quel élément intervenir ? Et avec quel objet ?
C'est l'heure de faire fonctionner tes méninges. Ta liberté est à portée de main, tu le sens !

Tu retrouveras le plan du troisième étage et un nouveau tableau d'interactions, qui vient compléter les deux autres, en **pages 75-76**.

22

L'ATTENTE DES SECOURS

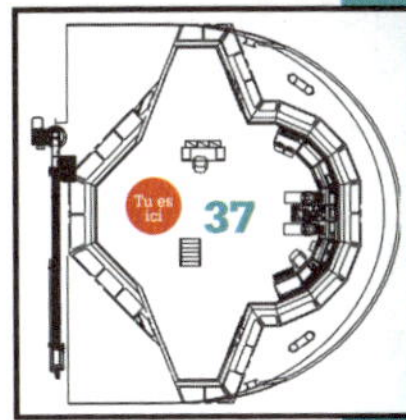

Tu as conscience d'être dans une situation exceptionnelle : tes copains de classe vont halluciner quand ils sauront que tu étais le seul maître à bord d'un bateau ! Car une chose est sûre : quand tu leur parleras du terrible capitaine Oro Nordingan, tu insisteras surtout sur comment tu t'en es sorti et non sur comment tu t'es retrouvé prisonnier. C'est toi le héros de cette aventure, pas lui !

Et histoire d'étoffer ton futur récit, tu décides de jouer les vrais marins. Après tout, les sauveteurs en ont pour quelque temps, alors autant profiter de la passerelle de navigation et de la vue qu'elle offre en les attendant. Tu prends donc tes jumelles et te mets à observer la mer aux alentours. Au bout d'un moment, tu aperçois une forme dans l'eau. Tu regardes plus attentivement et… oui ! C'est une **baleine** ! Elle s'approche et tu vois qu'elle n'est pas seule : un petit baleineau l'accompagne ! Tu n'en reviens pas de ta chance. Les cétacés s'arrêtent à quelques milles marins et semblent jouer dans l'eau. Tu les admires un moment, puis tu laisses tes jumelles se perdre un peu plus loin.

Tu aperçois alors une autre forme. Cette fois, c'est un bateau. Sûrement celui qui a reçu ton appel. Tu cherches son pavillon et… tu comprends qu'il s'agit en fait d'un baleinier. L'horreur ! La pauvre baleine et son petit ne se doutent de rien ! Comment pourrais-tu les prévenir ?
Tu essaies de te souvenir de tout ce que tu sais sur les baleines. Quel objet pourrais-tu utiliser ?

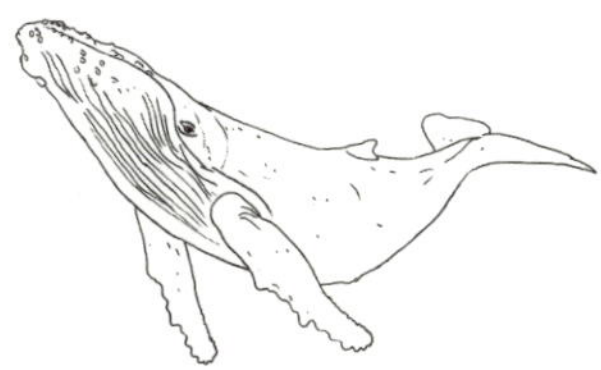

22

LA CACHETTE DU CAPITAINE – PREMIER ÉTAGE

Tu indiques le premier étage au policier qui fait un signe à ses collègues avant d'y monter. Mais quelques instants plus tard, tu entends un bruit de moteur… C'est le capitaine ! Il s'enfuit sur un zodiac. Malheureusement, tu n'as pas trouvé sa cachette… Mais ce n'est pas grave ! Tu as déjà accompli beaucoup plus que n'importe quel garçon de ton âge ! Tes copains t'entourent et viennent te féliciter pour ton courage.

Tu ne peux pas t'empêcher d'avoir un petit pincement au cœur. C'est sûr, ta confrontation avec Oro Nordingan n'a pas été une partie de plaisir, mais tu as réellement vécu une aventure extraordinaire et, après ça, la vie normale va te paraître bien terne. Ceci étant, il ne tient qu'à toi de reprendre le flambeau. Et c'est en songeant à toutes les questions que tu poseras à tes parents au sujet de Sea Shepherd que tu achèves ton périple, imaginant déjà ta prochaine aventure maritime pour sauver les animaux des océans…

Bravo, tu as terminé cette aventure ! Tu as su utiliser tes objets à bon escient et tu as exploré intelligemment ce bateau piège. Tu as fait preuve de débrouillardise, d'ingéniosité et d'énergie. Surtout, tu as su tenir tête à ton kidnappeur. Mais as-tu découvert tous les secrets du *Sea Shepherd II* ? Va à la dernière page pour le savoir et découvrir tes récompenses.

LA CACHETTE DU CAPITAINE – DEUXIÈME ÉTAGE

Tu indiques le deuxième étage au policier qui fait un signe à ses collègues avant d'y monter. Tu en es sûr : c'est là que se cache Oro Nordingan.

Quelques minutes plus tard, ils en ressortent avec un homme menotté. Tu le reconnais : c'est bien le capitaine que tu as vu sur l'écran de télévision dans le salon de détente !

Va en **page 42**.

LA CACHETTE DU CAPITAINE – TROISIÈME ÉTAGE

Tu indiques le troisième étage au policier qui fait un signe à ses collègues avant d'y monter. Mais quelques instants plus tard, tu entends un bruit de moteur… C'est le capitaine ! Il s'enfuit sur un zodiac. Malheureusement, tu n'as pas trouvé sa cachette… Mais ce n'est pas grave ! Tu as déjà accompli beaucoup plus que n'importe quel garçon de ton âge ! Tes copains t'entourent et viennent te féliciter pour ton courage.

Tu ne peux pas t'empêcher d'avoir un petit pincement au cœur. C'est sûr, ta confrontation avec Oro Nordingan n'a pas été une partie de plaisir, mais tu as réellement vécu une aventure extraordinaire et, après ça, la vie normale va te paraître bien terne. Ceci étant, il ne tient qu'à toi de reprendre le flambeau. Et c'est en songeant à toutes les questions que tu poseras à tes parents au sujet de Sea Shepherd que tu achèves ton périple, imaginant déjà ta prochaine aventure maritime pour sauver les animaux des océans…

Bravo, tu as terminé cette aventure ! Tu as su utiliser tes objets à bon escient et tu as exploré intelligemment ce bateau piège. Tu as fait preuve de débrouillardise, d'ingéniosité et d'énergie. Surtout, tu as su tenir tête à ton kidnappeur. Mais as-tu découvert tous les secrets du *Sea Shepherd II* ? Va à la dernière page pour le savoir et découvrir tes récompenses.

LE BLOC S

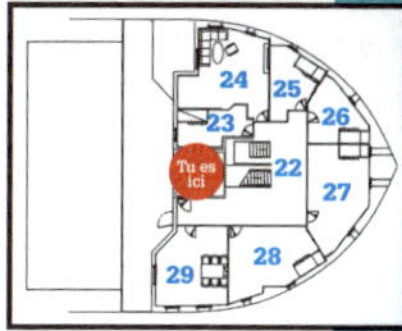

Pendant que les policiers arrêtent ton kidnappeur, tu te faufiles discrètement dans la pièce secrète où ils l'ont trouvé. Il y a beaucoup de bazar : des assiettes sales laissées à côté d'ordinateurs, des vêtements un peu partout, des papiers sur le sol… Au milieu de tout ça, un seul espace est bien rangé et tu reçois un sacré choc quand tu vois pourquoi : là, dans une cage en métal étiquetée « Phoque moine », il y a… un animal vivant ! Le pauvre a l'air mal en point. Et pour cause : il est blessé au flanc et du sang s'écoule de sa plaie. Il faut absolument trouver un moyen de le soigner ! Derrière toi, quelques élèves de ta classe ayant échappé à la surveillance des adultes t'ont suivi. Ils observent désormais la scène avec de grands yeux, puis te regardent fixement, comme s'ils attendaient que tu fasses quelque chose. Tu balaies la pièce du regard et notes la présence de plusieurs objets : un **bistouri**, une **boîte de pansements**, un **hameçon** et des **compresses stériles**.

Quels objets pourrais-tu utiliser pour soigner le phoque ?

42

ESCAPE

LIVRET D'ACTIONS

Objet 1 + **Objet 2** = **Rends-toi page...**

Ici, tu vas pouvoir utiliser les objets que tu as trouvés pour progresser dans l'histoire. Pour cela, tu dois simplement en choisir deux à employer ensemble. Repère-les dans le tableau sur le rabat, ou ci-dessous (il y en a un dans une ligne et un dans une colonne). Au croisement des deux, tu trouveras le numéro de la page à laquelle te rendre pour savoir ce qui se passe quand tu les combines.

Par exemple, que pourrais-tu utiliser pour sauver le petit dauphin ? Il faudrait que tu trouves un moyen de le sortir de sa prison de plastique. C'est à toi de choisir directement quels objets utiliser pour savoir s'ils fonctionnent bien ensemble.

Bonne chance !

Note : Au cours de ton aventure, tu vas découvrir de nouveaux objets qui ne sont pas dans ce premier tableau d'interactions. Pas de panique : deux autres ont été prévus. Ils te seront dévoilés au moment adéquat. Tu pourras aussi continuer à utiliser ce tableau.

Objet 2 / Objet 1	Canif	Canon lance-harpon	CD de l'opéra *La Walkyrie*	Cibi	Dauphins	Grappins	Lance-grappin	Livre *Le Royaume des animaux*	Planisphère numérique	Plastique	Sono	Tournevis
Canif		47	61	57	51	66	47	49	61	50	57	55
Canon lance-harpon	47		66	49	51	61	57	55	66	47	66	61
CD de l'opéra *La Walkyrie*	61	66		47	55	47	66	61	57	49	53	66
Cibi	57	49	47		57	66	55	47	63	61	49	45
Dauphins	51	51	55	57		57	47	66	57	66	61	55
Grappins	66	61	47	66	57		54	49	55	47	66	61
Lance-grappin	47	57	66	55	47	54		61	57	57	66	49
Livre *Le Royaume des animaux*	49	55	61	47	66	49	61		47	66	55	61
Planisphère numérique	61	66	57	63	57	55	57	47		61	49	57
Plastique	50	47	49	61	66	47	57	66	61		55	49
Sono	57	66	53	49	61	66	66	55	49	55		47
Tournevis	55	61	66	45	55	61	49	61	57	49	47	

Premier tableau d'interactions

Tu empoignes le tournevis et entreprends de dévisser l'arrière de la cibi. Malheureusement, tu découvres bien vite que ce n'est pas une très bonne idée. Non seulement tu ne parviens pas à dévisser correctement le boîtier de l'appareil mais, en plus, tes tentatives t'occasionnent de petites décharges électriques dans les mains. Dès que le tournevis touche un élément métallique, une décharge d'électricité remonte le long de l'outil et vient t'asticoter les doigts. Bien sûr, tu pourrais persévérer, mais tu sens que tu perdrais un temps précieux sur cet engin piégé et qu'en plus tes mains n'en ressortiraient pas indemnes. Or, si tu sais bien une chose, c'est qu'elles te sont indispensables pour t'échapper du navire. Autant ne pas les abîmer inutilement.

Tu peux désormais poursuivre tes expérimentations et ton exploration.

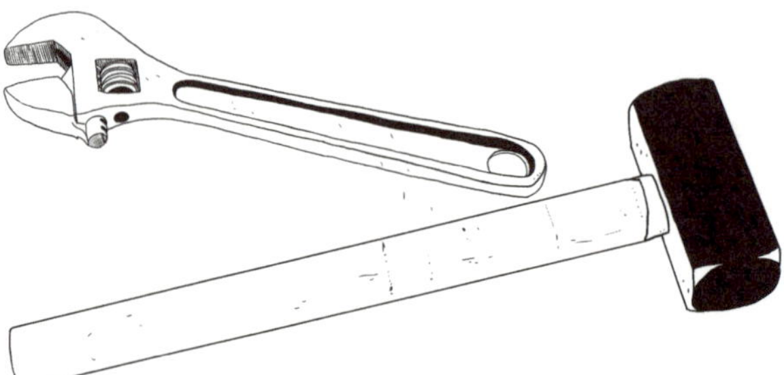

Miel de manuka + **Pansement**

Le miel de manuka est sûrement une bonne idée ! Le pansement, en revanche, n'a pas l'air très adapté pour ce type de blessure... Tu essaies de te figurer le pauvre phoque avec un si petit pansement et l'image qui te vient te tire un sourire. Ça te semble plutôt insolite... Et si tu retournais en **page 44** pour essayer un autre objet ?

Tu essayes de combiner ces deux objets. Malheureusement, il ne se passe rien de spécial. Peut-être qu'ils ne sont pas faits l'un pour l'autre ? Ce n'est pas grave. Tu peux retourner au début du livret d'actions pour choisir une autre combinaison, tu finiras forcément par y arriver ! Sinon, tu peux reprendre ta lecture dans le livret d'aventure.

Si tu n'as pas encore repris le contrôle du bateau, tu réalises que tu mets la charrue avant les bœufs. Demander de l'aide alors que le capitaine Nordingan guide le navire comme il l'entend revient à jeter une bouteille à la mer : le temps que les secours arrivent, il aura déjà déplacé le bateau de plusieurs dizaines de milles marins ! Tu préfères donc d'abord reprendre le contrôle du navire et, pour cela, poursuivre ton exploration.

Si tu as repris le contrôle du bateau, tu regardes la montre à ton poignet et réalises que c'est elle qui va te sauver, puisqu'elle affiche tes coordonnées GPS ! Elle peut même le faire dans le noir, même si ce n'est clairement pas le plus important dans l'immédiat. Tu fonces à la cibi pour appeler à l'aide.

- Mayday, Mayday, Mayday, ici le *Sea Shepherd II*. Est-ce que quelqu'un m'entend ? Est-ce que vous me recevez ?

Seul le silence te répond, brisé de temps à autre par un grésillement.

- Mayday, Mayday, Mayday, ici le *Sea Shepherd II*. Est-ce que quelqu'un me reçoit ?

Soudain, une voix te répond :

- Mayday *Sea Shepherd II*. Received Mayday*.

Victoire ! Tu transmets ta position à la personne qui t'a répondu. Il n'y a plus qu'à attendre qu'on vienne te chercher… Tu remontes sur la passerelle de navigation en **page 38** pour observer la mer et guetter l'arrivée des secours.

** Mayday Sea Shepherd II. Mayday reçu.*

C'est étrange… Tu étais persuadé qu'en combinant ces deux objets, il se passerait quelque chose. Seulement, tu as beau attendre, rien ne bouge. Visiblement, ce n'était pas la bonne solution. Mais ce n'est pas grave du tout ! N'hésite pas à retourner au début du livret d'actions pour choisir une autre combinaison, tu finiras forcément par y arriver ! Sinon, tu peux reprendre ton aventure dans la dernière pièce où tu te trouvais.

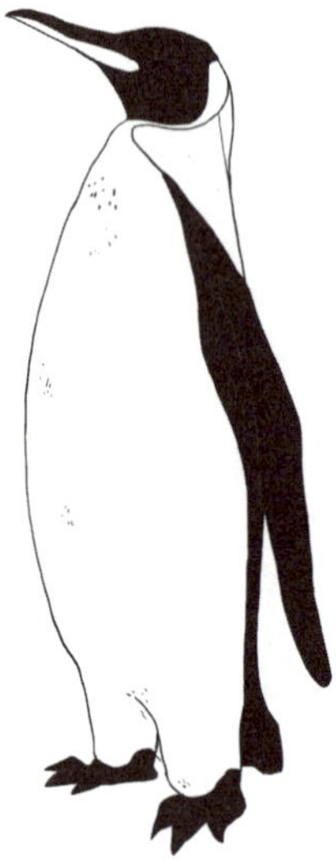

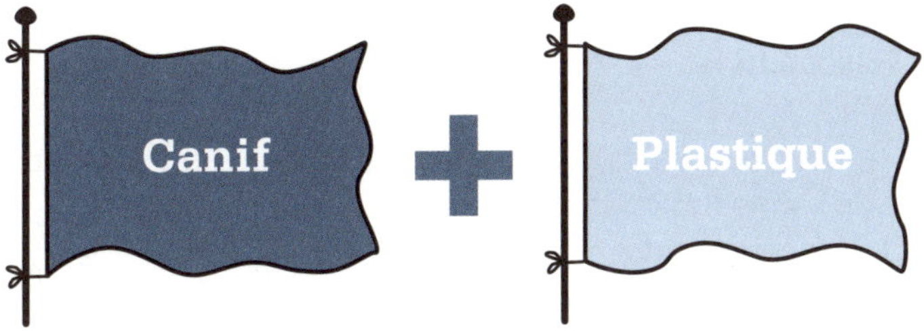

Tu t'efforces de stabiliser le zodiac pour faire du sur place. Le petit a cessé de s'agiter : il a senti que tu venais l'aider ! Autour de toi, les dauphins adultes se sont aussi calmés. Tu crains un instant qu'ils paniquent à la vue de ton canif, aussi le sors-tu très précautionneusement. La lame est très tranchante et tu t'appliques pour éviter qu'un accident ne survienne : il ne faudrait ni abîmer le zodiac ni blesser l'animal que tu essayes de sauver.
Tu plantes ton canif dans le morceau de plastique et fais une longue entaille parallèle au corps du petit dauphin. Il glisse lentement vers cette ouverture par laquelle l'eau s'engouffre déjà tandis que tu fais machine arrière aussi vite que possible pour éviter de lui bloquer la route. Un son inattendu te fait tourner la tête : des applaudissements ! Tu regardes autour de toi et tu vois les dauphins adultes battre des nageoires tandis que le petit les rejoint. Tu attends que les dauphins s'éloignent pour récupérer le bout de plastique et le rapporter à bord du *Sea Shepherd II*, un sourire aux lèvres…

À peine es-tu revenu sur le pont que le bateau redémarre. Tu rallumes ton talkie : la voix du capitaine en sort aussitôt.

- Et c'est ainsi que mourut le pauvre garçon, perdu en mer, à court de nourriture…

Il ponctue sa tirade d'un grand éclat de rire. Tu te rappelles la jauge jaune, à remplir avec des dauphins, et tu te renfrognes. C'est vrai, où vas-tu trouver à manger, maintenant ? Le capitaine ne te laisse pas le temps d'y réfléchir.

50

- Puisque tu refuses de tuer des dauphins, on va jouer à autre chose.

Que te réserve-t-il ? Le bateau accélère et le capitaine conclut, avant de couper brutalement la communication :

- Tu vas comprendre ce qu'est un véritable naufrage, petit…

Il n'y a pas une minute à perdre : tu dois reprendre le contrôle du bateau pour l'empêcher de t'emmener où il veut. Pour cela, tu dois accéder aux étages supérieurs, où se trouve la passerelle de navigation. Seulement, une grille bloque l'escalier qui y mène… Tu peux examiner l'étrange digicode de plus près en **page 10**. À moins que tu aies une autre idée pour monter depuis l'extérieur en utilisant des objets que tu as croisés sur ta route ?

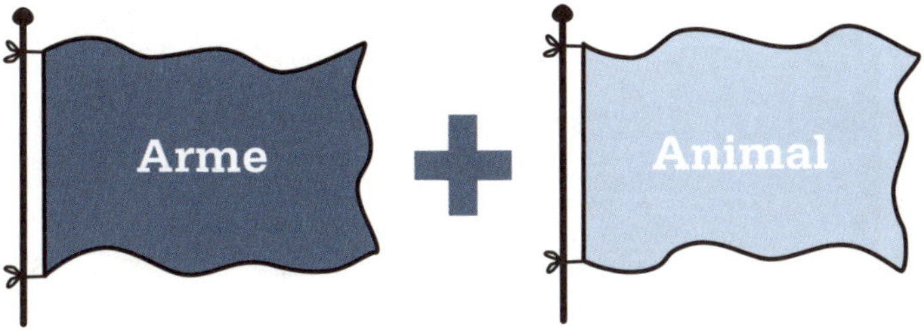

À première vue, utiliser une arme pour aider cet animal te semble une bonne idée. Seulement, tu réalises vite que ton plan souffre de plusieurs défauts. D'une part, si tu le vises directement, tu risques de le blesser et donc de faire le jeu du capitaine Nordingan. Évidemment, tu pourrais viser à côté pour l'effrayer et le faire fuir, mais il bouge énormément. Même comme ça, tu n'es pas à l'abri d'un drame.

D'autre part, tu réalises que, quand il s'agit d'aider la faune des océans, une arme n'est jamais la solution. Fier de ta conclusion, tu peux retourner à la page où tu étais et tenter une autre option.

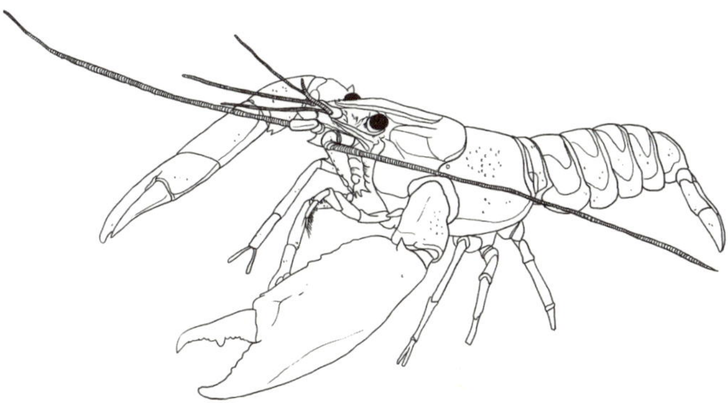

Livre *Le Royaume des animaux* + **Œufs de tortue**

Tu reprends le livre et en parcours frénétiquement la double page illustrée qui t'indique avec précision dans quelles conditions faire éclore des œufs de tortues. Puisque tu es sur un navire et non sur la terre ferme, tu dois laisser de côté quelques indications mais tu saisis rapidement que, pour faciliter l'éclosion, les œufs doivent être enterrés dans du sable à proximité d'un point d'eau où les tortues se réfugieront une fois sorties de leur coquille. Heureusement que tu as vérifié !

Tu récupères une caisse pleine de sable sur le pont– il sert sûrement à contrer le verglas lorsque les bateaux naviguent dans des zones glaciales – et tu y enterres les trois petits œufs. Il ne reste plus qu'à trouver un récipient à remplir d'eau. Si tu as une idée, tu peux aller en **page 44** pour l'essayer. Tu peux aussi repartir en exploration.

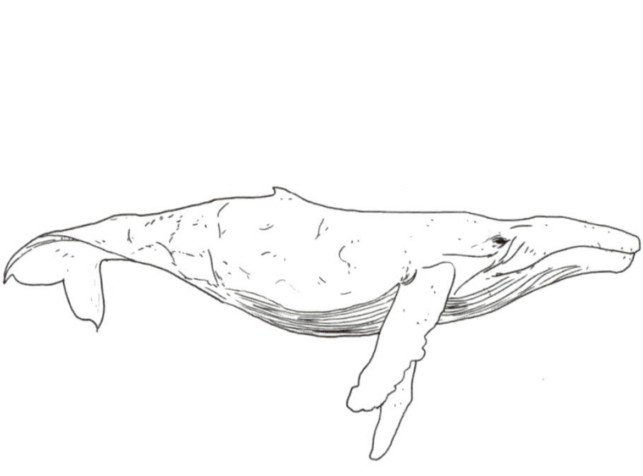

Si tu as coupé l'alimentation des haut-parleurs : tu mets le CD dans la sono et tu lances le premier morceau, mais rien ne se passe. Ah oui ! Tu avais éteint les haut-parleurs pour ne plus entendre le capitaine. Impossible de mettre de la musique dans ces conditions !

Si tu n'as pas coupé l'alimentation des haut-parleurs : tu mets le CD dans la sono et tu lances le premier morceau. Les premières notes peinent à sortir et tu augmentes le volume pour être sûr de bien les entendre. Bientôt, la mélodie couvre tout le brouhaha alentour : le bruit des vagues, le sifflement du vent, les craquements du navire, sans oublier l'atroce voix du capitaine Nordingan. À l'abri dans ce cocon sonore, tu retrouves un peu de calme et de sérénité. Comme c'est agréable !

Après quelques minutes passées à savourer ce répit opportun, tu décides de reprendre ton exploration. Seulement, maintenant que tu es serein, tu te dis qu'une musique un peu plus entraînante ne serait pas de trop pour relancer ta motivation. Tu zappes donc sur les différentes pistes et t'arrêtes sur le prélude de l'acte III : *La Chevauchée des Walkyries*. En quelques instants, les puissants cuivres du morceau font naître en toi des images épiques de duels en mer et de courses poursuites en pleine tempête. Requinqué et prêt à en découdre, tu quittes la salle pour reprendre ton exploration, plus motivé que jamais !

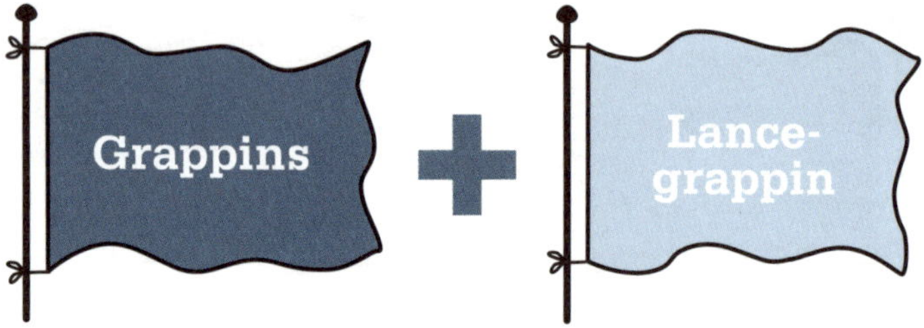

Tu décides d'escalader la paroi du château pour accéder aux étages supérieurs et à la passerelle de navigation. Tu lèves la tête : ça a l'air très haut et le bateau bouge de plus en plus, mais quand faut y aller, faut y aller… Tu charges le lance-grappin, tu vises un interstice du garde-corps qui entoure la passerelle de navigation et tu tires. Le grappin décolle mais il rebondit presque aussitôt contre la paroi et retombe dans un fracas épouvantable.

Sans te décourager, tu retentes le coup, mais sans succès. Finalement, la quatrième tentative est la bonne. Tu vérifies la prise en tirant sur la corde de tout ton poids. Elle tient. Tu respires un bon coup et tu commences ton ascension, mais à peine as-tu grimpé deux mètres que le bateau se met à rouler de manière inconsidérée. Dans ton talkie, le capitaine Nordingan susurre :

- Attention, petit singe, si tu continues, tu risques de chavirer…

Tu t'entêtes mais le roulis s'intensifie et tu finis par lâcher prise. Tu atterris sain et sauf, mais non sans grimaces.

Au bout de quelques minutes, le bateau a cessé sa gigue folle. Le tangage et le roulis ont repris leur rythme normal. Le capitaine Nordingan est vraiment dangereux. Il va falloir trouver autre chose…

Après toutes ces émotions, tu peux reprendre ton exploration si tu le souhaites. Tu peux aussi essayer de trouver la combinaison du digicode en **page 10**.

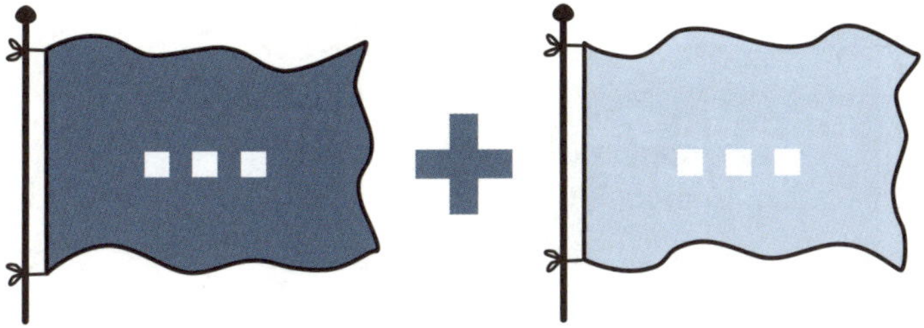

Ça y est ! Tu mets les deux objets ensemble, persuadé que ton idée va fonctionner… Seulement, malgré tous tes efforts, rien ne se passe. Ce n'était sans doute pas la bonne solution. Mais ne t'inquiète pas, ce n'est pas grave du tout ! Il te suffit de retourner au début du livret d'actions pour choisir une autre combinaison, c'est aussi simple que ça. Et, malin comme tu es, tu finiras forcément par y arriver ! Sinon, tu peux reprendre ton aventure en retournant dans la dernière pièce où tu te trouvais.

Si tu n'as pas encore été secouru, tu tournes et retournes les plans sans trop savoir ce que tu cherches. Mieux vaut ne pas perdre de temps avec ça pour le moment : retourne dans la salle où tu étais et continue ton aventure.

Dans la salle des archives, tu étales les plans des deux *Sea Shepherd* sur une grande table pour les comparer. C'est bien ce qu'il te semblait : une pièce a été ajoutée par le capitaine dans le second navire ! Et tu sais exactement comment y accéder : par la porte bloquée par les bidons renversés, dans la coursive du deuxième étage. Maintenant, tu en es sûr : Oro Nordingan se cache là !

Tu expliques ta théorie au policier qui fait un signe à ses collègues avant de se diriger vers la pièce secrète. Quelques minutes plus tard, ils en ressortent avec un homme menotté. C'est bien le capitaine que tu avais vu sur l'écran de télévision ! Il te jette un regard mauvais, encore surpris que tu aies réussi à contrecarrer ses plans. Il s'apprête à te lancer une ultime invective mais les policiers ne lui en laissent pas le temps et l'emmènent sans ménagement.

Va en **page 42**.

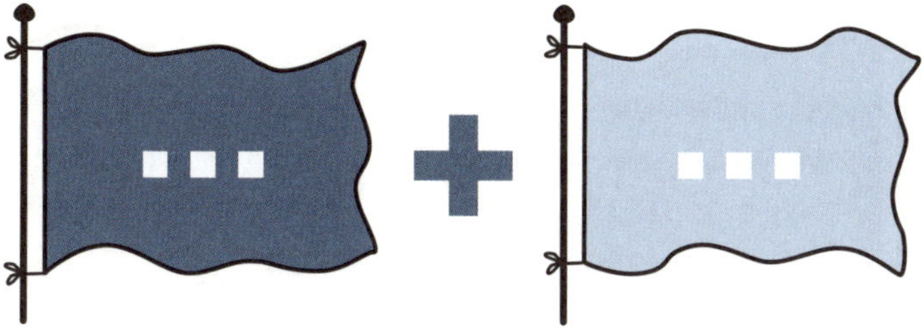

Celui-ci se met comme ci et celui-là se met comme ça. Non, il faut en positionner un dans ce sens-là et l'autre... Dommage, ces deux objets ne fonctionnent décidément pas ensemble. Ce n'est pas grave, aucune catastrophe n'a eu lieu et tu peux reprendre l'aventure en retournant dans la dernière pièce où tu te trouvais.

Mais oui ! À quoi peut servir un ordinateur portable dans une passerelle de navigation ? Selon toi, uniquement de relais à une source de contrôle extérieure. Et il suffit d'endommager l'appareil pour interrompre la liaison… Si c'est bien le cas, tu vas vite le savoir… Tu cours chercher la batte de baseball dans le salon de détente, tu remontes sur la passerelle de navigation en quatrième vitesse et tu te plantes devant l'ordinateur. Tu lèves la batte bien haut, puis tu l'abats sur l'appareil à de multiples reprises. Tu veux le mettre hors d'état de nuire, pas juste l'endommager.

L'appareil se met à grésiller et l'écran s'éteint brutalement. Aussitôt, le *Sea Shepherd II*, comme libéré des mains d'un géant qui l'aurait guidé jusque-là, commence à s'arrêter. Tu attends quelques instants et, finalement, il se stabilise. Il ne risque plus d'avancer maintenant. Tu souris : tu as enfin repris le contrôle du bateau.

Tu ignores ce qu'a prévu le capitaine Nordingan : peut-être arrive-t-il droit sur toi à l'heure qu'il est ! En tout cas, il ne doit plus contrôler la cibi maintenant, et elle doit à nouveau fonctionner normalement. Tu vas pouvoir l'utiliser pour appeler à l'aide. Mais comment connaître tes coordonnées GPS pour indiquer aux secours où venir te chercher ?

Si tu as déjà une idée, tu peux essayer d'utiliser un objet avec la cibi. Sinon, tu peux aller en **page 71** pour lire le *Carnet pour apprenti marin* trouvé dans le mess.

Nourriture pour poisson + Poisson

Tu as trouvé la nourriture pour poisson dans la cuisine et tu l'apportes près de l'aquarium. Le poisson semble reconnaître la boîte car il commence à frétiller lorsque tu l'approches de la vitre. Il vient même à la surface au moment où tu ouvres l'aquarium. Tu constates alors avec horreur qu'il a l'air très mal en point, comme si personne ne l'avait nourri depuis des jours. Quel monstre peut bien posséder un animal de compagnie et le martyriser ainsi ? Tu prends une petite pincée de nourriture et la laisses tomber dans l'eau. Le poisson gobe les paillettes une par une et tu le regardes quelques minutes, satisfait d'avoir légèrement amélioré son quotidien. Tu peux continuer ton aventure plus sereinement et retourner en **page 24**.

Mais oui ! À quoi peut servir un ordinateur portable dans une passerelle de navigation ? Selon toi, uniquement de relais à une source de contrôle extérieure. Et il suffit d'endommager l'appareil pour interrompre la liaison. Si c'est bien le cas, tu vas vite le savoir… Tu files chercher le seau, tu remontes sur la passerelle de navigation en quatrième vitesse et tu le vides sur l'appareil. L'écran grésille un instant avant de s'éteindre brutalement. Aussitôt, le *Sea Shepherd II*, comme libéré des mains d'un géant qui l'aurait guidé jusque-là, commence à s'arrêter. Tu attends quelques instants et, finalement, il se stabilise. Il ne risque plus d'avancer maintenant. Tu souris : tu as enfin repris le contrôle du bateau. Tu replaces le seau là où il était.

Tu ignores ce qu'a prévu le capitaine Nordingan : peut-être arrive-t-il droit sur toi à l'heure qu'il est ! En tout cas, il ne doit plus contrôler la cibi maintenant, et elle doit à nouveau fonctionner normalement. Tu vas pouvoir l'utiliser pour appeler à l'aide. Mais comment connaître tes coordonnées GPS pour indiquer aux secours où venir te chercher ?

Si tu as déjà une idée, tu peux essayer d'utiliser un objet avec la cibi. Sinon, tu peux aller en **page 71** pour lire le *Carnet pour apprenti marin* que tu as trouvé dans le mess.

Tu essayes de combiner ces deux objets. Malheureusement, il ne se passe rien de spécial. Peut-être qu'ils ne sont pas faits l'un pour l'autre ? Ce n'est pas grave. Tu peux retourner au début du livret d'actions pour choisir une autre combinaison, tu finiras forcément par y arriver ! Sinon, tu peux reprendre ta lecture dans le livret d'aventure.

62

Miel de manuka + **Compresses stériles**

Mais oui ! Le miel de manuka est connu pour ses vertus anti-inflammatoires, antibactériennes et cicatrisantes. Tu ouvres le pot et, après t'être lavé les mains et avoir calmé le phoque, déjà à moitié assommé par la douleur, tu étales une épaisse couche de miel sur sa blessure. Tu prends ensuite les compresses stériles et les y apposes, en les collant bien. Tu te souviens d'avoir lu quelque part qu'une plaie devait être gardée en milieu humide pour mieux se soigner. Bon, tu n'es pas vétérinaire et ce n'est certainement pas l'idéal, mais ça suffira le temps que des spécialistes arrivent. Tes copains semblent se réveiller et viennent te féliciter : tu sais vraiment comment t'occuper des animaux, visiblement !

Soudain, une silhouette colossale à la barbe blanche entre dans la petite pièce. C'est Paul Watson ! Il observe le phoque, le pot de miel, puis il se tourne vers toi :

- Good job, my boy!*

Il te serre la main avant de repartir sur son bateau. L'équipage le suit et, bientôt, ils lèvent l'ancre.
Tu ne peux t'empêcher d'avoir un pincement au cœur en les voyant partir, lui et tout l'équipage de Sea Shepherd. C'est sûr, ta confrontation avec Oro Nordingan n'a pas été une partie de plaisir, mais tu as vécu une aventure extraordinaire et, en plus, tu as rencontré Paul Watson en personne ! La vie normale va te paraître bien terne après ça.

* *Beau travail, mon garçon !*

Ceci étant, il ne tient qu'à toi de reprendre le flambeau. Et c'est en songeant à toutes les questions que tu poseras à tes parents au sujet de Sea Shepherd que tu achèves ton périple, imaginant déjà ta prochaine aventure maritime pour sauver les animaux des océans…

Bravo, tu as terminé cette aventure ! Tu as su utiliser tes objets à bon escient et tu as exploré intelligemment ce bateau piège. Tu as fait preuve de débrouillardise, d'ingéniosité et d'énergie. Surtout, tu as su tenir tête à ton kidnappeur. Mais as-tu découvert tous les secrets du *Sea Shepherd II* ? Va à la dernière page pour le savoir et découvrir tes récompenses.

Si tu n'as pas encore repris le contrôle du bateau : tu te rends compte que la cibi est toujours bloquée en mode récepteur. Ce maudit capitaine ! Comment pourrais-tu lui en enlever le contrôle ? Tu devrais reprendre ton exploration pour trouver une autre idée.

Si tu as repris le contrôle du bateau : tu as une illumination. Le planisphère ! Peut-être que l'ordinateur lui bloquait l'accès aux coordonnées GPS. Maintenant que tu as repris le contrôle du bateau, tu devrais pouvoir mieux te repérer…
Tu fonces dans la salle des cartes. Malheureusement, seul le point vert s'affiche, sans aucune coordonnée GPS. Il te faut un autre objet pour géolocaliser le navire. Si tu sais lequel, tu peux tenter de l'utiliser. Autrement, reprends ton exploration !

Tu te précipites dehors, sur le pont, avec la corne de brume et tu souffles dedans de toutes tes forces. Tu reprends tes jumelles pour vérifier que ça a fonctionné… Victoire ! La baleine et son petit s'enfuient ! Tu souris, ravi d'être devenu un véritable héros des océans.

Tu vois les baleiniers se lancer à la poursuite des nobles cétacés, mais ceux-ci ont pris de l'avance et tu sais que, même si ces hommes traquent parfois leurs proies pendant des jours avant de réussir à les rattraper, il y a de très grandes chances que la baleine et son petit parviennent à s'échapper.
Soudain, tu entends du bruit dans ton dos. Des hommes à l'air peu commode sont en train de monter sur le pont et te regardent. À côté de ton bateau, tu en aperçois un autre avec un drapeau noir emblématique : c'est celui de Sea Shepherd !

L'un des hommes s'approche de toi.

- Did you call for help ?*

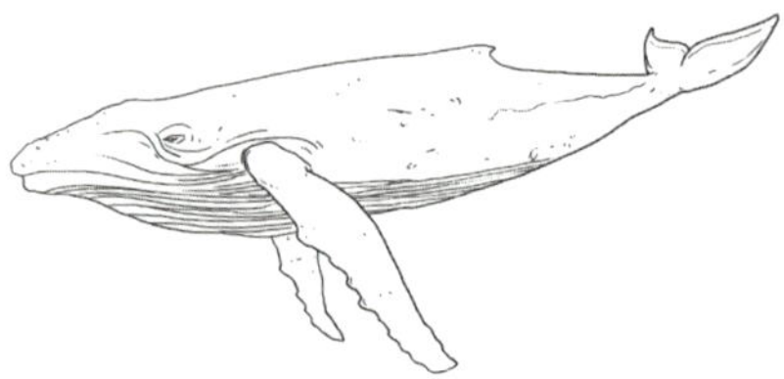

Puis il fronce les sourcils.

- Are you on your own ?**

Ce serait trop long à expliquer et tu n'as qu'une envie : retrouver la terre ferme !

** C'est toi qui as appelé à l'aide ?*
*** Tu es tout seul ?*

- Yes. Could you bring me back to Belém, please ?*

L'homme acquiesce et fait un signe aux autres marins. Certains repartent sur leur propre navire tandis que d'autres se dirigent vers l'intérieur du *Sea Shepherd II*. Bientôt, ton bateau repart, accompagné de celui de tes sauveurs. Enfin serein, tu profites de la traversée.

Lorsque vous pénétrez dans le port de Belém, toute la jetée est en ébullition. Ta classe et tes professeurs t'attendent de pied ferme. Tu aperçois aussi des policiers.
Tu as disparu depuis des heures et tes professeurs ont appelé la police portugaise. L'équipage te dépose sur le quai et s'apprête à repartir à la poursuite du baleinier mais un policier demande à leur poser quelques questions. Un autre te prend à part et, enfin ! Tu peux tout expliquer.

- Cet Oro Nordingan, est-ce que tu l'as vu à bord ? As-tu une idée d'où il a pu se cacher pendant tout ce temps ?

Cette simple question crée le déclic. Tu vois défiler devant tes yeux toute ta visite du bateau et les éléments qui t'interpellaient sans que tu comprennes pourquoi. Soudain, chacun des objets qui traînaient prend tout son sens : les assiettes sales, le poisson toujours en vie, les vêtements... Le bateau était habité avant même que tu n'y embarques ! Le capitaine doit sûrement se cacher à l'intérieur. Mais où ? Si tu envoies le policier au premier étage, va en **page 39** ; au deuxième étage, va en **page 40** ; au troisième étage, va en **page 41**.
À moins que tu n'aies à ta disposition des objets qui pourraient te révéler précisément la cachette du capitaine ? Dans ce cas, essaie ta combinaison grâce aux tableaux d'interactions sur le rabat, **page 74** et **page 76**.

** Oui. Est-ce que vous pourriez me ramener à Belém, s'il vous plaît ?*

Mais oui ! Le seau de la cuisine peut facilement être rempli d'eau et il est suffisamment grand pour que trois petites tortues puissent y nager si jamais les œufs éclosent bientôt. C'est vrai que rester plusieurs mois dans un œuf, ça doit finir par donner des crampes ! Tu remplis le seau d'eau à bonne température grâce au tuyau de la cuisine, puis tu retournes dans la cabine B et installes le seau près des œufs. Tu te demandes, en revanche, s'il ne fait pas trop frais ici pour que les tortues se sentent bien quand elles écloront. N'y aurait-il pas un moyen d'augmenter le chauffage des cabines du deuxième étage ?

65

Celui-ci se met comme ci et celui-là se met comme ça. Non, il faut en positionner un dans ce sens-là et l'autre… Dommage, ces deux objets ne fonctionnent décidément pas ensemble. Ce n'est pas grave, aucune catastrophe n'a eu lieu et tu peux reprendre l'aventure en retournant dans la dernière pièce où tu te trouvais.

ESCAPE

INVENTAIRE

LES OBJETS

Voici la liste des objets que tu trouveras tout au long de ton aventure. Tu peux venir la lire quand tu le désires car elle t'aidera durant le jeu.

OBJETS DU PREMIER TABLEAU D'INTERACTIONS

- **Canif** : très tranchant, il faut le manipuler avec précaution.
- **Canon lance-harpon** : un horrible objet fait pour chasser les animaux marins.
- **CD de l'opéra *La Walkyrie*** : de la musique classique, composée par Wagner. Tout ce que tu sais, c'est que ses opéras sont très bruyants.
- **Cibi** : elle te permet de communiquer avec l'extérieur.
- **Dauphins** : un de leurs petits est coincé dans un large morceau de plastique ; il faut l'aider !
- **Grappins** : très pratiques pour s'accrocher et monter le long d'une paroi.
- **Lance-grappin** : permet de lancer des grappins.
- **Livre *Le Royaume des animaux*** : il t'apprendra tout ce que tu dois savoir sur les tortues de mer.
- **Planisphère numérique** : il indique la position de ton bateau, mais pas ses coordonnées GPS.
- **Plastique** : le plastique dans lequel est pris au piège le petit dauphin.
- **Sono** : elle est branchée aux haut-parleurs du bateau, ceux que le capitaine utilise pour te parler.
- **Tournevis** : pratique pour démonter des appareils.

OBJETS DU DEUXIÈME TABLEAU D'INTERACTIONS

• **Accessoires de baseball** : une batte, des balles et un gant de baseball.

• **Miel de manuka** : le miel est une denrée non périssable ; ce n'est pas étonnant d'en trouver sur un bateau. À moins qu'il ne serve à autre chose ?

• **Montre GPS** : une montre avec un système high-tech qui permet de géolocaliser les bateaux sur l'océan.

• **Nourriture pour poisson** : de la nourriture pour poisson. Tu as vérifié : elle n'est pas périmée.

• **Œufs de tortue** : trois œufs de tortue Sada, un animal en voie d'extinction qu'on peut trouver au Portugal.

• **Plans de bateaux** : les plans détaillés des bateaux *Sea Shepherd* et *Sea Shepherd II*.

• **Poisson** : un poisson dans un aquarium, qui a sûrement très faim !

• **Seau** : un simple seau vide que tu peux remplir d'eau grâce au tuyau de l'évier de la cuisine.

OBJETS DU TROISIÈME TABLEAU D'INTERACTIONS

• **Baleine** : une baleine qui joue avec son baleineau en pleine mer.

• **Bistouri** : un bistouri très tranchant.

• **Boîte de pansements** : une boîte de pansements presque pleine.

• **Compresses stériles** : des compresses stériles pour panser les grosses blessures.

• **Corne de brume** : c'est un instrument qui permet de signaler aux bateaux d'autres navires ou des obstacles par temps de brume. Le son qu'elle produit est très grave et très puissant.

• **Hameçon** : un hameçon basique.

• **Ordinateur portable** : situé sur la passerelle de navigation, tu ne sais pas trop à quoi il peut servir.

ESCAPE

LIVRET D'INDICES

Ce journal te permet d'en savoir un peu plus sur les habitudes en pleine mer. Tu peux le laisser dans le mess ou l'emporter avec toi dans ton exploration.

BLOC S

Il existe une pièce spéciale sur ce bateau. Ses murs sont insonorisés et elle possède tout le nécessaire pour qu'une personne s'y confine plusieurs jours durant. Son entrée n'est pas cachée mais elle peut facilement être bloquée… Par contre, ne compte pas sur moi pour te dire où elle se trouve. Un bon marin sait garder un secret !

CORNE DE BRUME

C'est un instrument qui produit un son très grave et qui sert d'abord à prévenir les autres bateaux de sa présence par temps de brume. Mais pour les bergers des mers*, il a une tout autre utilité… Les baleines entendent très bien les sons très graves, la corne de brume peut donc être utilisée pour les prévenir d'un danger. Tous les bateaux de Sea Shepherd en gardent au moins une bien précieusement à leur bord.

MIEL DE MANUKA

Le miel en général est un produit naturel impérissable, ce qui en fait une denrée très appréciable en pleine mer. Le vrai marin choisira d'emporter avec lui du miel de manuka qui a des propriétés anti-inflammatoires, antibactériennes et cicatrisantes. Il est très utile pour soigner les plaies, qu'on protégera ensuite avec de la gaze, tout simplement.

** « Bergers des mers » (*Sea Shepherd *en anglais) est le nom donné aux défenseurs des océans qui œuvrent avec Paul Watson et la Sea Shepherd Conservation Society.*

MONTRE GPS

Ah ! Mon instrument préféré ! Elle te permet de trouver la latitude et la longitude de ton bateau en un seul clic. Pratique, n'est-ce pas ?

ORDINATEUR PORTABLE

Grâce à lui, il est possible de commander le bateau depuis n'importe quelle autre salle que la passerelle de navigation. En revanche, il est très fragile. Il suffit de renverser de l'eau dessus ou de lui asséner un grand coup avec une batte de baseball, par exemple, et il est H.S.

SALLE DES MACHINES

C'est grâce à cette salle que le navire se déplace. Pas la peine d'essayer d'y couper le courant : une sécurité empêche l'électricité de s'y éteindre complètement. C'est aussi le cas pour l'alimentation générale du bateau.

TABLEAU MAGNÉTIQUE

C'est un très beau tableau, n'est-ce pas ? C'est ici que sont présentées les plus grandes missions de Sea Shepherd. En revanche, il n'y a rien de plus à en tirer : c'est uniquement de la déco. La vitrine d'exposition, en revanche…

TORTUES SADA

Ce sont des tortues en voie d'extinction qu'on trouve au Portugal. Leurs œufs, comme ceux de toutes les tortues, ont besoin de conditions particulières pour éclore. Tout cela est expliqué dans le livre *Le Royaume des animaux*, dans la bibliothèque.

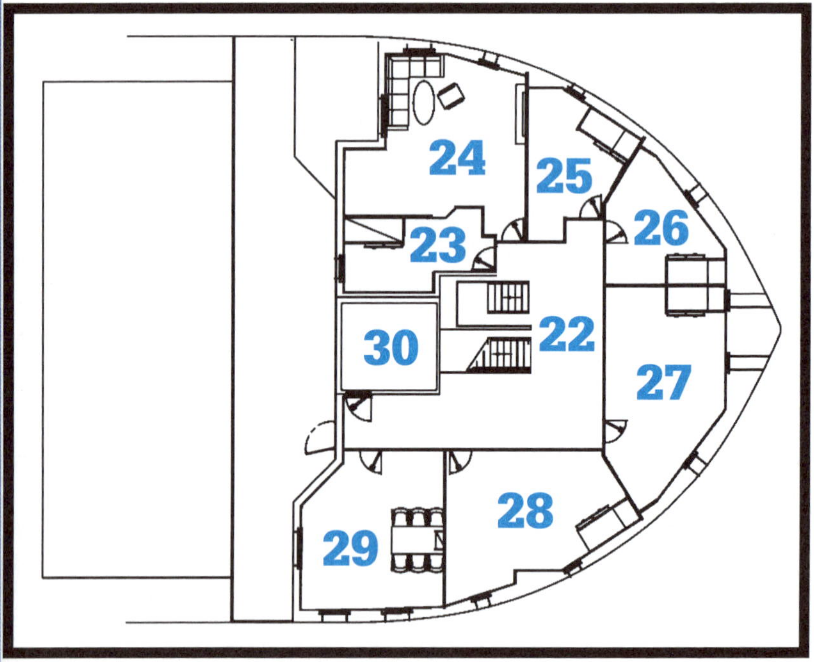
24
25
26
23
22
30
27
28
29

Objet 2 / Objet 1	Accessoires de baseball	Miel de Manuka	Montre GPS	Nourriture pour poisson	Œufs de tortue	Plan du *Sea Shepherd*	Plan du *Sea Shepherd II*	Poisson	Seau
Canif	57	55	61	47	51	66	55	51	49
Canon lance-harpon	61	47	49	66	51	61	47	51	57
CD de l'opéra *La Walkyrie*	49	66	55	49	66	55	49	55	47
Cibi	47	61	48	55	47	47	57	57	66
Dauphins	66	55	49	57	61	49	61	47	49
Grappins	55	47	47	61	51	66	49	51	55
Lance-grappin	47	49	55	57	51	57	47	51	57
Livre *Le Royaume des animaux*	57	61	49	47	52	55	66	47	61
Planisphère numérique	61	66	47	66	49	57	55	57	55
Plastique	55	57	57	61	47	66	49	55	57
Sono	47	55	49	55	57	55	47	61	49
Tournevis	49	57	55	61	55	47	49	66	57
Accessoires de baseball		66	49	57	61	61	55	66	47
Miel de manuka	66		61	66	47	55	66	57	49
Montre GPS	49	61		49	57	61	47	55	66
Nourriture pour poisson	57	66	49		55	66	55	59	57
Œufs de tortue	61	47	57	55		57	49	61	65
Plan du *Sea Shepherd*	61	55	61	66	57		56	66	55
Plan du *Sea Shepherd II*	55	66	47	55	49	56		47	61
Poisson	66	57	55	59	61	66	47		49
Seau	47	49	66	57	65	55	61	49	

Deuxième tableau d'interactions

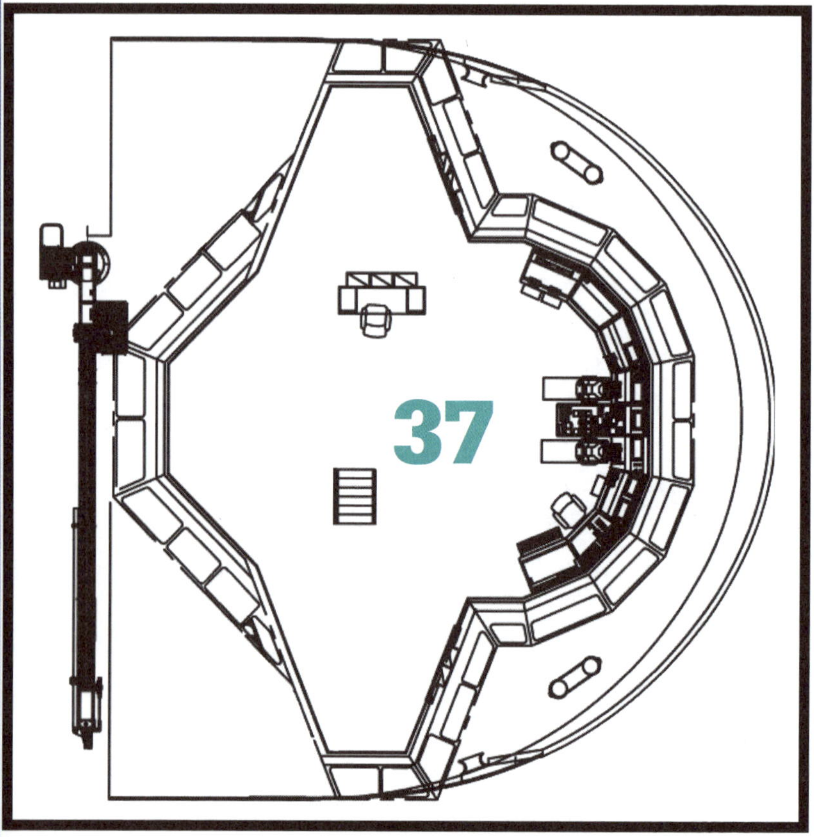
37

Objet 1 \ Objet 2	Baleine	Bistouri	Boîte de pansements	Compresses stériles	Corne de brume	Hameçon	Ordinateur portable
Canif	51	49	57	66	47	61	49
Canon lance-harpon	51	66	47	49	57	47	66
CD de l'opéra *La Walkyrie*	47	55	57	61	47	66	47
Cibi	61	57	66	47	66	57	57
Dauphins	55	51	55	66	61	51	49
Grappins	51	47	61	49	61	57	49
Lance-grappin	51	47	66	61	47	61	57
Livre *Le Royaume des animaux*	57	66	47	55	66	49	47
Planisphère numérique	66	57	61	66	57	61	66
Plastique	47	55	66	47	55	55	49
Sono	57	66	55	66	66	47	47
Tournevis	49	47	61	61	61	57	47
Accessoires de baseball	61	66	61	66	47	55	58
Miel de manuka	47	57	46	62	66	66	61
Montre GPS	66	55	61	66	55	47	49
Nourriture pour poisson	61	66	57	47	57	57	66
Œufs de tortue	49	57	66	57	61	51	47
Plan du *Sea Shepherd*	57	66	47	61	47	66	66
Plan du *Sea Shepherd II*	66	55	66	49	66	57	55
Poisson	47	51	49	66	49	51	61
Seau	55	57	61	47	57	47	60
Baleine		51	57	55	64	51	57
Bistouri	51		55	49	61	61	49
Boîte de pansements	57	55		57	47	55	66
Compresses stériles	55	49	57		61	57	47
Corne de brume	64	61	47	61		49	61
Hameçon	51	61	55	57	49		55
Ordinateur portable	57	49	66	47	61	55	

Troisième tableau d'interactions

LES RÉCOMPENSES DE SEA SHEPHERD

Tu es désormais prêt à devenir un vrai « Berger des mers* » ! Mais à quel point ? Chaque action réalisée durant l'aventure te rapproche un peu plus de la Sea Shepherd Conservation Society. Si tu n'obtiens pas toutes les récompenses, tu peux essayer à nouveau en recommençant l'aventure depuis le début.

Tes actions	Tes récompenses
Tu as trouvé la cachette du capitaine Nordingan.	Bravo ! Grâce à toi, le capitaine est mis sous les verrous !
Tu as trouvé les solutions des digicodes du premier coup.	Les policiers sont impressionnés par ton incroyable instinct de détective.
Tu as nourri le poisson.	Le poisson nage gaiement dans l'eau.
Tu as bien installé les œufs de tortue pour leur éclosion.	Les bébés tortues éclosent sans aucun problème et sont réintroduits dans leur habitat naturel.
Tu as soigné le phoque du premier coup.	Le vétérinaire venu s'en occuper te félicite de ton ingéniosité.
Tu as réussi à empêcher le capitaine Nordingan de te casser les oreilles à travers les haut-parleurs.	Un silence apaisant remplit le bateau.
Tu as éteint le chauffage du bloc S où le capitaine Nordingan était caché.	Oro Nordingan a grelotté de froid pendant le reste de l'aventure.

** « Bergers des mers »* (Sea Shepherd *en anglais) est le nom donné aux défenseurs des océans qui œuvrent avec Paul Watson et la Sea Shepherd Conservation Society.*